QUERIDO ALBERTO

QUERIDO ALBERTO

La biografía autorizada de

Juan Gabriel

EDUARDO MAGALLANES

ATRIA ESPAÑOL

Nueva York   Londres   Toronto   Sídney   Nueva Delhi

ATRIA ESPAÑOL

Un sello de Simon & Schuster, Inc.
1230 Avenida de las Américas
Nueva York, NY 10020

Primera edición en rústica de Atria Español septiembre 1995

ATRIA ESPAÑOL y su colofón son sellos editoriales de Simon & Schuster, Inc.

Para obtener información respecto a descuentos especiales en ventas al por mayor,
diríjase a Simon & Schuster Special Sales al 1-866-506-1949 o al siguiente correo
electrónico: business@simonandschuster.com.

La Oficina de Oradores (Speakers Bureau) de Simon & Schuster puede presentar autores
en cualquiera de sus eventos en vivo. Para obtener más información o para hacer
una reservación para un evento, llame al Speakers Bureau de Simon & Schuster,
1-866-248-3049, o visite nuestra página web en www.simonspeakers.com.

Impreso en los Estados Unidos de América

10 9

ISBN 978-0-684-81548-0

Los amigos que tengas bien probados,
sujétalos a tu alma con arcos de acero.
William Shakespeare

Todas las riquezas de este mundo
no valen tanto como un buen amigo.
Voltaire

A María Esther, el amor de mi vida, mi faro.

A mis hijos, María Esther,
Eduardo y Tatiana, mi familia.

Para Adolfo y Oswelia, que
me dieron la vida y con ello la música.

Para Adela, mi abuela, por
todo el amor que me dio.

A mis hermanos, Anabel y Humberto,
cómplices de mi infancia.

A don Rubén Fuentes, mi eterno
maestro y "jefazo"

ÍNDICE

AGRADECIMIENTOS

*Ante todo, gracias Alberto Aguilera Valadez, por
tu amistad y por el privilegio de tu confianza.*

*A Eleazar del Valle, mi amigo, por el apoyo que me
brindó para elaborar este libro.*

*Mi agradecimiento también a Juan Manuel López
Lee, quien me ayudó a estructurar
el primer manuscrito de este libro.*

*A la maestra María Alicia Martínez Medrano, mi
gratitud que nunca rebasará su generosidad de
compartir conmigo su talento, trabajando juntos en
la música y en la elaboración de este libro.*

A los músicos, mi gremio, con respeto.

*Mi agradecimiento también a Carlos Monsiváis que
corrigió el primer tratamiento del libro y
me dio valiosos consejos.*

*A las señoras Lola Beltrán, Amalia Mendoza,
Lucha Villa y Queta Jiménez,
por las entrevistas que me concedieron.*

A Daniel Mijares, por los valiosos recuerdos que compartió conmigo y por el tiempo que tan amablemente me concedió.

Por el interés demostrado hacia mi trabajo en este libro, mi agradecimiento al licenciado Sealtiel Alatriste.

A Marisol Schulz por su entusiasmo y cariño para finalizar el trabajo de este libro. Ella, heroína anónima de tantos textos.

Al señor Dario de León y al equipo de Show Time.

Al personal docente y administrativo de Semjase. Al señor Raúl del Valle; al periodista Raúl Cervantes Ayala y a Enrique Okamura Vega, por el tiempo que me brindaron para la investigación.

A Alejandra Vargas, por su empeño en la investigación gráfica; al licenciado Eduardo del Valle, por el tiempo que dedicó a la redacción del segundo manuscrito.

A la directora de teatro Delia Rendón Novelo, por la paciencia y el talento mostrado en la realizacion del texto.

Por las entrevistas que me concedieron para la investigación sobre la vida de Alberto, mi agradecimiento a la señora Virginia Valadez, la señora María de Jesús Gallegos, el señor Antonio Espinoza, la profesora Micaela Alvarado, la señora Esperanza Mc Culley, la maestra Alicia Pérez Gallegos, el señor David Bencomo, la señora Mercedes Alvarado, y de manera muy especial, al señor Jesús Salas y al profesor Daniel Díaz.

También de manera muy especial al equipo de la maestra María Alicia Martínez Medrano: profesor Carlos Baeza Sosa, profesor José Martín Pérez Dzul, y señora Obdulia Cruz Morales.

Al personal administrativo del licenciado Eleazar del Valle, integrado por el licenciado Rafael Varela, Patricia García, Yolanda Monroy, Lucero Robles, Margarita Torres, Carlos Cardona y Gregorio Bravo.

Al personal de la editorial Aguilar: Elisa Gómez, Gabriela Kuri, Ivonne Díaz, Elsa Botello, y a la compiladora de material de prensa, Susana Cano.

A la señora Araceli Zoreda de Mercado de Discos.

Alberto me pidió que yo interpretara su agradecimiento a los cuatro representantes que ha tenido en su acontecer profesional. A Octavio del Rey, que acompañó a Juan Gabriel con diligencia en sus primeros pasos por el mundo artístico:

A la señora María de la Paz Arcaraz, que marcó su vida con el valor de la amistad y su trabajó por Juan Gabriel orbitó siempre en el ámbito de la eficiencia.

A Jesús Salas, su mejor amigo, quien le brindó todo su empeño para resolver una etapa de transición profesional.

Al señor Darío de León, por ayudarlo a ser el dueño absoluto de sus obras, y acompañarlo caballerosamente en esta etapa de su vida.

I. LA CONSAGRACIÓN EN LA PRIMAVERA: BELLAS ARTES, 1990

Antes del concierto en Bellas
Artes, en 1990, el gran teatro
estaba reservado para las élites.
Esa gran sala casi siempre se
había negado para el espectáculo
que llaman popular.

*L*a función terminó hace más de quince minutos.
Los espectadores que llenan la sala principal del Teatro
de Bellas Artes no se deciden a abandonar sus lugares,
esperan a que se abra de nuevo el telón y reaparezca su
artista favorito. Los tuvo entusiasmados y emocionados
a lo largo del concierto, que duró casi tres horas. ¿Qué
descorchar? ¿Con qué brindar? ¿Qué beber?¿Qué decir?
Hay todo tipo de emociones dentro de las venas: tensio-
nes provocadas por la pasión o sangre apaciguada por
amores cantados; y otras reacciones similares en cada
uno de los asistentes. Algo recorre la piel. Es él.

Los comentarios se unifican al igual que la satisfacción de haber estado ahí, sin la intermediación de un disco o un videocassette: "Estuvimos frente a él, con él". Después los aplausos, más aplausos, algunos que se prolongan durante quince minutos, y luego el silencio. Murmullos, bisbiseos, secretos. La pupila fija en las imágenes que se quedaron del concierto. Los que salen de la sala, caminan de un lado a otro. Encienden cigarros, comentan sus emociones. Miradas hacia todas direcciones de un público que no quiere salir de la sala. Los cuerpos con pasos desacelerados, uno atrás de otro se apretujan en pasillos. Por todas partes se ven espectadores que sonríen o se impacientan. No logran entender del todo sus sensaciones hacia ese hombre, ese autor, ese cantante que acaba de efectuar el concierto con el que llega al punto más alto de su carrera. Con este fenómeno nunca se aterriza.

Pieles y vestidos bordados, largos, cortos, demasiado cortos a veces; trajes oscuros, *smokings*, algunos muy brillantes de tan usados. Alhajas, perfumes, aromas sofisticados, uno que otro demasiado denso o penetrante. La elegancia de algunos contrasta con la informalidad de otros. La mayoría de quienes desalojan el clásico recinto sigue disfrutando o tratando de entender lo que acaba de escuchar y presenciar, atendiendo lo que dice la gente apretujada hacia las puertas de la salida. La función todavía no es un recuerdo, es un son, un sin son; son sudores y sabores revueltos; desde las plateas y el primer piso él los jaló, los arrastró y finalmente los dominó. Los del segundo y tercer piso se diferencian de los demás: son quienes tuvieron que correr para no quedarse afuera, a los que les costó mucho comprar la entrada; tuvieron que decidir entre comprar algo necesario para su casa o asistir al concierto. En los palcos destaca la presunción de la "Nonis", la "Chiquis", y de algunos políticos y funcionarios. A todos nuestro artista les hizo un vuelco en sus emociones, pero fueron a donde quisieron, a escuchar a Juan Gabriel y punto. Los deseos que él provoca, los disfraces y las máscaras se convocan unos a otros y hacen que las especies se confundan. Él es todo: alguien que cree, alguien que nos comunica todo. Provoca risas, ternura en las mujeres —algunas—, llanto, un alto vacío en las emociones, y "qué ganas de besarte, abrazarte... hacerte el amor".

Como un ídolo popular, aunque ídolo no es la palabra adecuada. A Mozart lo encasillaban como ídolo popular, hizo que las multitudes sintieran la música, por lo que yo tendría muchas reservas y cuidado al hablar de la diferencia entre lo popular, lo clásico y la música de concierto. Este concierto me remite a otras cosas. Lo que importa son los sentimientos de la gente en los corredores, en las escalinatas o en la calle esperando un taxi. Nadie quiere abordar sus vehículos de regreso, ya sea el automóvil, el camión o el metro, sino regresar al lugar que acaban de dejar y volverlo a escuchar.

Raro privilegio compartido en el escenario del Palacio de Bellas Artes: su voz, su energía, su entrega, su actuación, su pasión.

La idolización está lejos de nosotros en estos momentos porque a los ídolos los pintan, les hacen esculturas, pero este personaje no tiene nada de piedra, es como cualquiera de nosotros y está cerquita.

Este público que ahora deja la sala de conciertos sonríe, piensa que ha asistido a lo que podríamos decir que es un "milagro" porque nos llegó directo a la sangre y pasó al tuétano quién sabe cómo. "Nadie creerá que lo he visto, y creo que debo volver a verlo para confirmarlo". Todos piden más —como los maderos de San Juan—, más canciones. Señoras, caballeros, obreros, estudiantes, concertistas, todos quieren y piden más: El concierto los ha permeado, y de alguna manera quienes estuvimos en esa especie de ritual nos hemos hermanado con su música, con lo que canta, con los ritmos que regala, que marca.

Pocos artistas habían derribado aquellas barreras institucionales del Palacio de Bellas Artes antes que Juan Gabriel, y aun así el escándalo no se hizo esperar cuando se anunció su presencia en el recinto. Los medios de comunicación fueron mucho más allá de la crítica y la reseña.

Afuera, en las largas filas de espera en el estacionamiento para recoger los coches, la gente tararea la batucada brasileña al ritmo de las canciones de él: nos ha hecho desfilar bailando por el teatro. Igual ocurre en las filas de espera del taxi o el camión. Su fiesta y su alegría fueron contagiosas, nos las llevamos a nuestras casas, dormiremos con ellas cuando menos por una noche. ¿Quién va a olvidar a los músicos de la sección de metales de la Orquesta Sinfónica Nacional de pie, bailando al son que ellos interpretan? ¿O a los contrabajistas, que en otras ocasiones se muestran circunspectos y formales, dándole vueltas a sus pesados instrumentos, haciéndolos girar al ritmo de la música, igual que los más de cien miembros de la orquesta? Afuera del teatro los asistentes no dejan de pensar y recrear el espectáculo en el que acaban de participar, espectáculo en otros momentos imposible de imaginar. Ahora, fuera de ahí, sólo nos queda la imaginación y el recuerdo para repensar lo que acabamos de vivir: un momento único e irrepetible.

La pasión según Juan Gabriel; raro privilegio compartido en el escenario del Palacio de Bellas Artes, su voz, su energía, su entrega, su actuación, su pasión: todo ello nos transformó: por minutos, durante horas. Él posee ese don a muy pocos concedido que se llama "ángel", ángel del son, sus arreglos e interpretación son el puente que nos transporta a todas direcciones. Entre Juan Gabriel y su público se desbordan las más diversas emociones y sensaciones. Crea atmósferas que van de lo infantil y divertido a lo sensual, aterrizando en lo sexual. Provoca una enorme variedad de reacciones que corresponden a la versatilidad de su música: parejas tomadas de la mano hacen bromas excitantes, gozosas. Los hombres se quejan de que sus novias, esposas, amantes, amigas, secretarias, hermanas o madres, los han sacado casi a rastras de la casa, donde querían descansar y disfrutar de un programa de televisión. Muchos pensaron "¿yo qué le veo a Juan Gabriel? Me gustan algunas de sus canciones, pero de ahí a perder tres horas y gastar una fortuna en los boletos, hay un salto mortal para mi bolsa y para mi comodidad." "Me siento ridículo, pero si decido acompañarte, espero no haya conocidos, me sentiría avergonzado." ¿Cuál fue la sorpresa? Los primos, hermanas, parientes, amigos, compañeros de oficina, funcionarios y vecinos también estaban en el concierto.

Muchos señores no quieren ir "por comodidad", pero, ¿no será también el miedo de enfrentarse a él, que despierta los sabores del cuerpo? A regañadientes salen de su casa, compran los boletos y entran a la sala de espectáculos . Ahí se inicia un cambio que los hace removerse en sus asientos una y otra vez; los hace toser, voltear a ver cómo reacciona el hombre de adelante, el de atrás, los hombres de la fila, los que están amontonados y que al principio hacían como que criticaban y luego hacían como que se aconsejaban. Muchos querían salvaguardar a toda costa su actitud de "a mí no me gusta Juan Gabriel". Poco a poco, medio que sí, que no tanto, otros fueron cediendo y digamos que a la tercera o quinta canción, cuando todas las mujeres emocionadas ya estaban bailando, ellos las veían con envidia, y no se atrevían a imitarlas. Luego reaccionan; con un poco de entusiasmo que busca complicidad, le agarran la mano a la señora o le tocan el hombro al amigo, como diciéndole "¡qué padre ritmo! El señor canta bien, me está llegando". Es así que ellos, los hombres obligados a asistir, poco a poco comienzan a aplaudir, a involucrarse, aunque sin dejar de lado cierta timidez.

Muy pronto empiezan a participar más tranquilos porque en un momento determinado la emoción invade a cualquier ser humano asistente a Bellas Artes: aun el más reacio se mueve, lleva el ritmo. La algarabía es contagiosa. El fenómeno les golpeó la frente, los oídos, el pecho —hasta otras partes—, y luego de unas cuantas canciones más todos están de pie agitando pañuelos o lo que pueden. Cuando avanza el espectáculo todo el auditorio baila sin ningún complejo al compás de la música, y al final los varones retoman su disfraz y su máscara para opinar con recelo acerca de su experiencia al escuchar en vivo a Juan Gabriel. La respuesta es casi uniforme, pero es raro el que nunca regresa a los conciertos del señor.

Hace tiempo le pregunté a Alberto qué pensaba acerca de la comunicación que lograba con su público, que dicen que tiene mucho que ver con lo erótico, lo sensual e incluso lo sexual. Él contestó:

Mire maestro, yo no lo veo, no lo siento, no lo pienso así. El público me inspira muchas cosas en mis conciertos y se produce ese alboroto. Yo trabajo para la gente, para multitudes, y alrededor mío se dice que expreso sensualidad, que mi sensualidad toca la sexualidad. A mí no me preocupa; además, se han dicho tantas cosas de mí que a esos comentarios no les presto oídos. Mi público se puede quedar con lo que le guste de mí o con lo que le incomode; a lo mejor los hace reflexionar sobre sí mismos. Mi público es querendón, ama y yo me dejo querer. Cada vez quiero que me quieran más, y quiero provocar todo lo que a ellos les provocan mis canciones. Viví carente de amor. ¡Carente! ¿Sabe lo que es esa carencia? ¿Ha vivido desolado a los tres, cuatro o siete años? Por eso me dejo querer, por eso tengo al público así, porque me favorece su cariño.

Juan Gabriel despierta mucha polémica a su alrededor: que si tiene hijos y mujeres regados, que muchas y muchos se enamoran de él, que si es homosexual, que si es bisexual, transexual, trasatlántico, transformer o divino.

Con esto nunca vamos a acabar y nadie se pone de acuerdo porque las leyendas las inventan los públicos, a final de cuentas me dicen que soy un fenómeno, bueno y ¿eso qué es?

Tengo obsesión por aprender. Cuando hablo con usted maestro sobre, las notas de la música, arreglos, lo que viene, lo que tengo que hacer, en eso estoy metido de tiempo completo. Quiero que un "do" no esté mal metido, un "re" tampoco, quiero componer más y más para que sean más ricos mis conciertos.

Yo, Magallanes, pienso cuál es la verdad, y la única verdad son estos conciertos. Lo único que nos va a trascender a través de los años y los siglos es la música, el arte. Recuerda a Beethoven o Mozart, recuerda también al maestro Fuentes y a José Alfredo.

Juan Gabriel ha dado el último de una serie de cuatro conciertos que acapararon la atención de miles de espectadores quienes en muy poco tiempo agotaron las localidades. Fue María Esther Pozo, asistente del director del INBA en mayo 1990, quien tuvo la idea, coordinó y promovió la presentación de Juan Gabriel en Bellas Artes. Antes de este concierto, el gran teatro estaba reservado para las élites: grandes solistas, conciertos, óperas, orquestas, exposiciones, esculturas, teatro, los genios de la plástica y de la música y del arte escénico, nacional e internacional. Esa gran sala casi siempre se había negado para el espectáculo que llaman popular. ¿Qué es esto de lo popular y lo de concierto? Juan Gabriel entró en las dos categorías.

Pocos artistas habían derribado aquellas barreras institucionales del Palacio de Bellas Artes antes que Juan

Gabriel, y aun así el escándalo no se hizo esperar cuando se anunció su presencia en el recinto. Los medios de comunicación fueron mucho más allá de la crítica y la reseña. Hubo majaderías, injurias, ofensas, no sólo al artista, sino al teatro y a los funcionarios, y como consecuencia, se agravió al público y el asunto llegó a las altas esferas de los medios políticos y a la sociedad en general, a tal grado que la institución que apoyó el proyecto se vio en aprietos.

Pero a él todo lo que se dijo lo tuvo sin cuidado, ni siquiera prestó atención, estaba preocupado por su concierto.

La vida de los artistas, creadores y triunfadores la mitificamos, la imaginamos llena de satisfacciones, placeres, comodidades, privilegios, chismes y algunas veces escándalos. Esto puede o no ser cierto; pero no se piensa en lo que estos artistas tienen que estudiar, trabajar, ensayar, luchar; viven presionados por un estreno, por una temporada o una exposición. Esto ni siquiera lo imagina el público. Tampoco es importante, pues sabemos que lo que el público premia es el talento y no el esfuerzo: gajes del oficio.

Son misterios de la pasión por el público que nos da todo y nos quita todo. En ese sentido, Alberto ha sido cuidadoso, y lo que muchos llevan al derroche vanal, superfluo, frívolo, él lo ha transformado en la necesidad de aprender más, de cuidar más su presentación, de llegar a multitudes, de cumplir con las mayorías. Porque las mayorías han comprado sus cassettes y discos compactos, y los cantan en talleres mecánicos, tortillerías, en el campo, en cantinas, bailes, fiestas, fábricas, y hasta un coro de ferrocarrileros en una estación de Veracruz... bien borrachos y bien dolidos. En las radiodifusoras piden su música, y cada día él se siente más comprometido.

Los conciertos en Bellas Artes le proporcionaron exaltaciones agradables; se divirtió, se encantó, se dio y hechizó por el enorme valor que tuvo en ese lugar ante

la audiencia. La orquesta sinfónica, dirigida por el maestro Enrique Patrón de Rueda, desempeñó
un papel a la altura del concierto.
Cuando comenzó la obertura entre bambalinas sentí la excitacion
de quien se sabe copartícipe de
algo grande. Veía y oía a los músicos; sabía cuántos eran y cómo
sonaban sus instrumentos; le di
gracias a Dios por ser músico, y
agradecí internamente a mis padres que amaron la música y me
la heredaron. En ese momento Alberto iba rumbo al escenario, se
colocó justo detrás de mí para observar lo que ocurría. Jesús Salas,
su mejor amigo y colaborador, comentó:

—Oye tu música, Alberto, es tu
música.

*—Sí, pero también son los
arreglos del maestro Magallanes* —respondió él.

Esto no lo olvidaré, me hace recordar el papel que cada
uno de nosotros debe desempeñar al trabajar en equipo y con
pasión.

Otro momento de fábula de esa noche fue cuando es-
cuchamos a los niños de Semjase tocar sus instrumentos y cantar un popurrí de canciones de Juan Gabriel,
arreglados por Joe Cueto, casi al inicio del concierto. Per-
tenecen a la escuela de música que Alberto auspicia y a
la que me referiré más adelante. En el concierto de Bellas Artes todo mundo pudo comprobar los avances al-
canzados por ellos en muy corto tiempo. Juan Gabriel

Juan Gabriel ha sido cuidadoso,
y lo que muchos transforman en
derroche vanal, superfluo, frívolo,
él lo ha transformado en la
necesidad de aprender más,
de cuidar más su presentación,
de llegar a multitudes, de cumplir
con las mayorías.

El disco del concierto en Bellas Artes rompió récord de venta en todo el país, en América Latina y en los Estados Unidos.

se sintió feliz y más comprometido con estas criaturas. Semjase, escuela de música, capítulo aparte en la vida del personaje en este libro.

El disco del concierto en Bellas Artes rompió récord de venta en todo el país, en América Latina y en los Estados Unidos. La grabación se encomendó a la compañía más experimentada y famosa en estos menesteres: Ifanel. Ryan Ulyathe fue el director técnico del disco y el resultado es satisfactorio.

Inicio precisamente este libro con el concierto en Bellas Artes porque Alberto, Juan Gabriel, es un hombre de música que en ese momento llegó a este escenario y me invitó a acompañarlo. Punto y aparte son las razones sociales del concierto; lo recaudado en taquilla se destinó a los niños de Semjase, y a la compra de instrumentos musicales para la Sinfónica Nacional.

II. AUSENCIA Y LOCURA

Yo no sentía nada
cuando me decían
algo de mi papá.
Yo no lo conocí.
No me crié con él
A mí me dolía que
a mi hermana le
doliera mi papá.

*J*uan Gabriel, cuyo verdadero nombre es Alberto Aguilera Valadez, es hijo de Gabriel Aguilera Rodríguez y de Victoria. Gabriel y Victoria Valadez Rojas, procrearon diez hijos: Rosa, que murió recién nacida; Virginia, la única mujer viva; José Guadalupe, Gabriel, Pablo y Miguel. Algunos años después tuvieron más hijos, tres bautizados con el nombre de Rafael quienes fallecieron siendo bebés; luego nació el último hijo. Doña María de Jesús Valverde, comadre de doña Victoria, le sugirió no bautizar a su hijo más pequeño con el nombre de Rafael, sino con el de Alberto, nombre de moda por Alberto Limonta, protagonista de la radionovela *El derecho de nacer.*

Alberto, el más pequeño de los niños de la familia Aguilera Valadez, nació el 7 de enero de 1950.

Gabriel pidió a su amigo el campesino Antonio Espinoza que, junto con su esposa Isabel Melgoza Rentería, apadrinaran el bautizo del último de sus hijos: Alberto Aguilera Valadez, Juan Gabriel. El cura Miguel Medina, que tenía noventa años y era considerado por el pueblo como un santo, bautizó al niño en la parroquia de Parácuaro, consagrada al Sagrado Corazón de Jesús, según nos relata don Antonio Espinoza, padrino de Alberto.

A MI PADRE

Mi padre fue un arriero
de Jacona Michoacán
mi padre fue un campesino
mi madre por igual.
Sembrando la tierra de
sol a sol
dice mi hermano Lupe el
mayor,
que era un hombre trabajador
que estaba lleno de inspiración.

Parácuaro, Parácuaro,
pueblito testigo de tanto dolor
tú que viste crecer a Virginia,
Lupe y a Pablo, a Miguel y a
Gabriel,
tú que viste morir a mi madre
esperando a mi padre que no
supo
de él.

Pues aún no sé ni dónde está
la tumba
de mi papá
unos dicen que en México
y otros que en Michoacán
unos dicen que no ha mueto
y otros que no vive ya.

Parácuaro, Parácuaro,
pueblito testigo de tanto dolor
tú que viste crecer a Virginia,
Lupe y a Pablo, a Miguel y a
Gabriel,
tú que viste morir a mi madre
esperando a mi padre que no
supo de él.

Sembrando la tierra
de sol a sol
Sembrando la tierra
de sol a sol
Sembrando la tierra
de sol a sol
Sembrando la tierra
de sol a sol
de sol a sol de sol a sol
de sol a sol de sol a sol.

Al cura Medina se le atribuían poderes milagrosos. Al bautizar a Alberto, éste le comentó en secreto a don Antonio que la criatura estaba en gracia, y le sugería pedir lo que quisiera para el niño, sin comentarlo a nadie para que se le concediera. Don Antonio dijo que Pedro Infante y Jorge Negrete le gustaban, y pidió que Alberto fuera artista de altos vuelos. No habló de esto con nadie hasta que Alberto empezó a ser famoso. Lo visitó en Parácuaro, y como se le concedió el deseo, entonces le contó a su ahijado lo sucedido en el bautizo.

Después de que hicieron cristiano a Alberto, y en el abrazo de compadres, Gabriel comentó a Antonio que su hijo iba a ser rey, rico, y que llevaría a la familia muy alto. Este comentario extrañó al compadre Antonio, que lo entendió como síntoma de trastorno mental. Don Gabriel, quien había nacido en Jacona, Michoacán, fue primero arriero, luego campesino y más tarde ejidatario. Llegó a tener su propiedad ejidal, a la que denominó "La coronguca". Él no bebía, era hombre serio, responsable, dedicado a trabajar su tierra para la familia. Acerca de su familia, nos relata Alberto:

Me acuerdo de mi mamá siempre diciendo "¡Ay, ya no se puede vivir! No se puede vivir con estos precios tan altos, con esos tenderos y los del gobierno que gobiernan mal, hasta dónde vamos a llegar". Mi mamá nació en 1910, y la situación era otra en Parácuaro. Ofrecía muchas oportunidades a las personas que querían trabajar y les gustaba trabajar. En esos tiempos, en Parácuaro, había un ingenio azucarero y un molino de arroz, y le daban trabajo a mucha gente, por eso los papás de mi mamá llegaron ahí desde antes que ella naciera. Mi abuelo materno era de Pátzcuaro, y mi abuela, la mamá de mi mamá, era de Guarachita, lo que es ahora Emiliano Zapata; los papás de mi papá, mi abuelo paterno, José Guadalupe Aguilera Araiza, era de San Miguel el Alto, Jalis-

co. Él nació en una hacienda que se llamaba Guada-
lupe. Parece que en aquellos años, los abuelos eran
dueños de la Hacienda de Guadalupe de San Miguel
el Alto; creo que los Cristeros se las quitaron. Mi
abuelita paterna nació en Jacona. Así fue que se co-
nocieron, en la Hacienda de Jacona. Mi abuelo llegó
allí, se casó con mi abuela, y se fueron a vivir a Pa-
rácuaro. Cuando mi papá tenía trece años huyó de
una muchacha que tenía veinte, creo que la embara-
zó y los querían casar. Él se fue a Parácuaro, que era
un pueblo en auge.

Según cuenta María de Jesús Gallegos de Aguilera, viuda de Sabino Aguilera, tío de Juan Gabriel, don Gabriel
padecía de los nervios desde hacía tiempo, y su padre,
Guadalupe, lo llevaba a Uruapan al doctor cada dos o tres
meses. Ahí le recetaban medicamentos que rehusaba tomar, alegando no necesitarlos. Su mal avanzó hasta que
lo tuvieron que llevar a una clínica de Celaya.

Gabriel Aguilera Rodríguez, el padre de nuestro querido Alberto, como todo campesino, se dedicaba a preparar la tierra: en tiempos anteriores a la siembra, los
pastizales echan raíces y crecen hasta podernos esconder
en ellos. Entonces hay que quitarlos para que la tierra esté
limpia. Quitar zacatales sólo puede hacerse a mano, arran-
cando hierbas secas y hierbas verdes también, por eso las
manos se forran con rasgaduras, cortadas, callos. Arran-
car hierberío y pastizal es más que una actividad útil y
simple, es la necesidad de proteger la tierra, y hay que
hacerlo con cuidado. Luego esas hierbas se queman, aunque no es bueno, pero ¿qué se hace entonces con eso que
estorba a la tierra? Las partes más enmontadas se queman
con una antorcha, las partes más enhierbadas con más
ganas, para que la tierra quede limpia y reciba la semilla.
En la quema, las llamas crecen, se extienden, ondulan;
parece que van a ser incontrolables, luego bajan, se apa-
gan, se consumen. Cuando hay aire son peligrosas.

Un día que don Gabriel se hallaba en esos menesteres, el aire sopló más de la cuenta. Primero sorprendido, después alarmado, Gabriel se da cuenta de que no puede controlar las llamas. Se seca el sudor. Las llamas alcanzan una altura y una extensión considerable; a él no lo afectan, para él es un quehacer normal. En cuestión de segundos se convierten en un incendio, de pronto el fuego alcanza proporciones y dimensiones incontrolables e invade sembradíos ajenos. Gabriel no puede detener aquel infierno. Lucha; el humo le impide respirar, comienza a llenar sus pulmones y él siente el dolor de la asfixia. El pánico lo estrangula. Ve que un grupo de campesinos amenazantes vienen hacia él; corre al río y se lanza a las aguas heladas. El trauma, el calor, la dificultad para respirar, las llamaradas y el contacto con el agua fría no lo dejan salvarse. Los campesinos que acudían a reclamarle lo sacaron del río y lo llevaron al hospital. Al poco tiempo de salir, Gabriel se dedica a deambular por los ranchos y calles de Parácuaro, seguido por un perrito, Mosaico, al que le decía:

—Órale, Mosaico, no te quedes, que nos van a alcanzar y nos van a matar.

Así seguía, huyendo de sus fantasmas, saltando cercas y cruzando sembradíos. Sólo Dios sabe el sufrimiento de este hombre, de su familia y de Victoria, su compañera. Fue durante este periodo cuando un día llegó armado de piedras y quiso atacar a Victoria. Para evitar una tragedia, la familia y los amigos lo detuvieron, lo llevaron a casa de sus padres y dieron aviso a la policía. Antonio, el compadre, lo tranquilizó. Después de comer, Gabriel se durmió, y en ese momento llegó la policía. Lo amarraron e inmovilizaron y lo trasladaron a una celda de la cárcel del pueblo. Se lo llevaron ante la lloradera de la comadre Esperanza, de su hermana, y de Beatriz, su madre. A todos los testigos también se les rodaron las lágrimas al ver así a don Gabriel. Al otro día, el comandante Francisco Valencia fue a casa del compadre, y le dijo:

—Antonio, no podemos entrar a la celda porque tu compadre tiene unos tabiques y dice que si entramos nos va a matar. Ven con nosotros a ver si a ti sí te hace caso y se calma.

"Fuimos —relata Antonio—; mi compadre estaba diciendo insolencias a los policías. Cuando me aventé adelante de él, soltó los tabiques y me dijo:

—A ti no te mato, somos compadres, aquí y en presencia de Dios.

Entonces puso las manos atrás de su espalda, y le dije:

—Déjate que te hagan lo que a Jesucristo Gabriel.

Una de las pocas fotos de Juan Gabriel con su familia, a los 12 años de edad, en enero de 1962.

Lo amarraron para llevárselo a México. Antes de que se lo llevaran ya estaba trastornado, hablaba con las paredes de adobe, nombrando a sus hijos:

—Salgan todos, hijitos, vamos al cielo.

Me pidió agua, se la di, agua de la llave en un bote, y decía:

—Báñate Gabrielito, báñate Lupito, báñate Virginia —a todos los nombró, pero al que más mencionaba era a Albertito.

—Báñate, Albertito, que vas a ser rey, vas a ser rico y nos vamos a ir todos juntos al cielo.

Afuera ya estaba don Lupe, su papá, listo con una bestia para llevarlo a la estación de La Tuna y tomar el tren para ir a México e internarlo en La Castañeda, "porque no quedaba más remedio".

Pasado un tiempo, Gabriel escapó y regresó a Parácuaro, quién sabe por cuáles medios. Buscó a su familia. Por lo que le ha contado Virginia, su hermana mayor a Alberto, ella soñaba con frecuencia que su papá regresaría de un momento a otro. Y así fue. Una noche se le presentó a Victoria.

—¡Qué barbaridad!, ¿qué haces aquí?

Gabriel le respondió:

—Me escapé, dicen que estoy loco, pero no lo estoy, y vengo a quedarme con ustedes.

Pidió que lo dejaran cargar al niño, y ella con temor se lo dio. Sin que él se diera cuenta, Victoria llamó a sus suegros. Gabriel pasó la noche con su familia, entre las dudas de todos, que se preguntaban "¿ya estará curado?, ¿se volverá a poner mal?, ¿habrá servido su estancia en La Castañeda?" Se creó gran tensión que desembocó en una discusión entre Gabriel y su hermana Esperanza; ésta, alterada, culpaba a Victoria de los males que lo aquejaban. Esta discusión, cada vez más acalorada, provocó la ira de Gabriel, que se puso fuera de control, golpeó a Esperanza, la lazó con una reata y la arrastró. Guadalupe, su padre, lo llevó de nuevo a La Castañeda.

Pasado un tiempo de reclusión de don Gabriel en La Castañeda, José Guadalupe, el hermano mayor, por aquel entonces de 15 años, viajó a México para visitarlo y durante aquella pequeña reunión su papá le dijo: "Sácame de aquí, vámonos allá con tu mamá. ¿Qué estamos haciendo en este lugar? ¿Dónde estamos?¿Qué hacemos solos? Aquí me tratan muy mal. Me dan toques y me bañan muy temprano con agua muy fría. Dicen que estoy loco y los locos son ellos."

Al despedirse presintió que jamás volverían a verse.

A mi padre se lo llevaron con mentiras y cariñitos, como dice la canción. Le dijeron que estaría ahí por poco tiempo y que estarían pendientes de él. Sí estuvieron pendientes, pero un día se escapó. Lo buscaron en infinidad de pueblos cercanos al Distrito Federal y de Michoacán. Cuentan en Parácuaro que cuando mi madre se llevó a sus hijos, Gabriel supo que se habían ido a Ciudad Juárez y decidió ir a buscarlos. Pero no se supo más de mi padre, Gabriel Aguilera Rodríguez. Esto ocurrió cuando él tenía entre treinta y cinco o treinta y nueve años de edad.

*Yo no sentía nada cuando
me decían algo de mi
papá. Yo no lo conocí.*

*C*uando sobrevino la desaparición del padre, Alberto Aguilera Valadez apenas tenía tres meses de edad, de manera que las anécdotas de esta desaparición las conoce por la narración de su mamá y sus hermanos:

Cuando encontré a Virginia, a muchos años de distancia, me contó que cuando yo tenía un año tuvo visiones de nuestro papá, y me dio mucha tristeza cuando ella lloraba por esa visión de mi papá que regresaba. Mi hermana lloró. Yo no sentía nada cuando me decían algo de mi papá. Yo no lo conocí. No me crié con él. A mí me dolía que a ella le doliera mi papá. Nunca soñé con él, me hubiera gustado tenerlo y que no hubiera pasado lo que pasó. Me doy ese ánimo, de decir así, "si yo hubiera estado con él, a él no le pasa nada", más de una vez lo dije. Quería hacer cosas que él quería hacer.

A partir de la desaparición de su marido, doña Victoria camina como Dolorosa; una mujer sola es un estigma para el pueblo y un "peligro" para las demás mujeres. Los hombres la miran de otra manera, la siguen, la persiguen, la acosan; las mujeres la miran recelosas; cuchichean, la eluden y hasta la victiman con chismes e intrigas. En el caso de doña Victoria, sus hijos quedan huérfanos de veras; huérfanos de padre y huérfanos del sol, del calor de sus tierras, de consideraciones ejidales y patrimoniales. Ya no son niños normales, falta el padre, el patriarca, el señor, el protector. Y la mujer camina así, huyendo de las miradas de los hombres del pueblo; se encierra a pensar cómo sobrevivir aquel dolor arrastrando a sus hijos.

Fue un largo caminar, por Apatzingán, por Morelia, hasta llegar a Ciudad Juárez. Ahí la esperaba María Romero de Mora. Alguien que la consolará, alguien con quien hablar. Se conocían desde hacía años, y ella le prestó un cuartito en la parte trasera de su casa. Doña Victoria no sabía qué hacer con su vida ni con sus hijos. Los vientos y las voces del pueblo la persiguieron y grabaron la memoria de una mujer dejada de la mano de Dios por la desaparición de su marido.

Victoria llegó con su familia para vivir en un cuarto de tres por cuatro metros que le ofrecieron en Ciudad Juárez, pero duró poco allí. Sus seis hijos peleaban a diario contra los cinco de María, y convirtieron el cuarto en un campo de batalla.

Virginia, la hermana mayor, cuidó de Alberto desde que era chiquitito hasta que cumplió dos años, mientras su mamá trabajaba. ¡Y vaya que lo cuidaba! Veía cada vez con más preocupación que la criatura peligraba entre los otros niños que correteaban y jugaban al burro castigado hasta terminar en un montón de criaturas apiladas que aullaban "me machucas la mano"; "baboso, me aplastas"; se arrebataban canicas, la reata para jugar a los saltos. Disputaban el trompo con gritos y manotazos. Luego trompadas y el "yo gané" a coro y con coraje hasta que terminaba en que se sacaban "el mole" de la nariz, como corresponde a pandillas de dos bandos. La preocupación de Virginia acabó como un protectorado alrededor de Alberto.

Quién sabe cómo continuó la caminata de Victoria con sus hijos.

El pequeño Alberto a los tres años de edad con su hermana Virginia.

A los tres años Alberto fue internado en una escuela. A partir de ahí vivió separado de su madre por circunstancias que Juan Gabriel no recuerda, no quiere recordar o no puede, y que a fin de cuentas son parte de su vida; su niñez pasa a ser parte de un montonal de recuerdos que se vuelven sueños placenteros o tormentos, y que la memoria desdibuja. Las partes se confunden; él vio, escuchó y vivió hechos que se elaboran y se mezclan, y para él, lo único verdadero es que extrañó y extrañará a su madre, la quiere y le duele no haber vivido con ella. En muchas de sus composiciones ella es su inspiración, su estímulo, por lo que tuvo de ella, por lo que no tuvo, y porque de alguna manera, secreta, difusa, confusa, en la nostalgia por Victoria, Alberto revive una niñez llena de ella, sin ella, al lado de ella; y se aferra a esta evocación hasta la muerte, la muerte de Victoria, que ha sellado con su réquiem: *Amor eterno*, canción que no sólo no pudo grabar sino ni siquiera cantar hasta que no se le "enfriara" la garganta: le ganaba el llanto, le ganaba el sollozo. Ahora, cuando la canta, en el vaivén de los cuerpos de quienes lo escuchan y sobre todo en la mirada de las mujeres, Alberto siente que todo el amor del cual careció se le devuelve en ese instante. *Amor eterno* es un himno al día de las madres. Todos más tarde o más temprano tenemos un *Amor eterno* a quien cantar.

Amor eterno: así quiere Alberto recordar a su madre. Así la necesitó, así necesita verla.

AMOR ETERNO

Tú eres la tristeza ay de mis ojos
que lloran en silencio por tu amor
me miro en el espejo y veo en mi rostro
el tiempo que he sufrido por tu adiós.

Obligo a que te olvide el pensamiento
pues siempre estoy pensando en el ayer
prefiero estar dormido que despierto
de tanto que me duele que no estés.

Cómo quisiera ay que tu vivieras
que tus ojitos jamás se hubieran
cerrado nunca y estar mirándolos.

Amor eterno e inolvidable
tarde o temprano estaré contigo
para seguir amándonos.

Yo he sufrido tanto por tu ausencia
desde ese día hasta hoy no soy feliz
aunque tengo tranquila mi conciencia
sé que pude haber hecho más por ti.

Oscura soledad estoy viviendo
la misma soledad de tu sepulcro
tú eres el amor del cual yo tengo
el más triste recuerdo de Acapulco.

Como quisiera ay que tu vivieras
que tus ojitos jamás se hubieran
cerrado nunca y estar mirándolos.

IV. EL INTERNADO

Alberto vivió a la defensiva; la vida lo hizo un niño solitario que se abrió paso solo. Un niño casi huérfano de padres e interno desde los tres años de edad.
Esta es la primera foto que le tomaron; el original aparece retocado a color.

Como ya mencioné, Virginia, la hermana mayor de Alberto asumió el papel de madre y prodigó las atenciones y el cariño que el niño requería hasta que cumplió tres años y fue internado en la Casa del Refugio, atendida por monjas. Él recuerda que le compraron un par de zapatos muy bonitos y le dijeron que lo iban a llevar con unas monjas. El niño lo tomó bien, de manera natural. No tenía cabeza para pensar de otra forma. Al principio le parecía que lo que le estaba sucediendo era cosa común de todas las familias, así que cuenta que le dolió poquito, le dolió ese día, pero en los días siguientes el dolor aumentó. Cuando creció lo supo clarito porque otros niños le enseñaron los caminos, las diferencias:

Mi mamá me echó dos pesetas de veinticinco centavos en la caja, tal vez pensó que el dinero contaba para mí, porque algunas veces le pedí para la bicicleta o para ver televisión. No lo sé, pero en el internado no me sirvieron, porque ahí no se compraba nada.

En una ocasión, recién cumplidos los tres años, Alberto se salió del internado y se extravió por un descuido de las monjas, que dejaron abierta la puerta. Su madre, su hermana y las religiosas lo daban por ahogado, porque para entrar y salir de la casa hogar había que atravesar el puente de un río. De acuerdo con una versión, una señora, de quien nunca se supo el nombre, encontró al niño y lo llevó a su casa. Por la desaparición se armó tal escándalo que se publicaron notas en los periódicos. La señora se asustó y lo llevó a la delegación de policía; entonces avisaron a doña Victoria que su hijo estaba sano y salvo.

Me acuerdo cuando traté de abrir la puerta y salir de la Casa del Refugio, porque me costó mucho trabajo abrirla. Es como un sueño, estaba muy chiquito, y lo que quería era respirar libertad, lo que quería era a mi mamá. No quería estar ahí, cuando salí, pedí a un señor o señora que me llevara a mi casa por favor, lo pedí así como hablaban los niños. Era 1953; en un alto, el coche se detuvo, me acerqué y el señor dijo:

—¿Dónde vives?

Levanté los hombros, pues no lo sabía. Después estuve en un lugar donde había policías y una biblioteca, me impresionó aquel montononoal de libros. Me dieron libros para hojear y tenía ese montón ahí, quizás los estaba rompiendo. No lo sé. Había una persona que me vigilaba y de repente llegaron mi mamá y mi hermana.

Desde muy niño, Alberto mostró interés por la música. Su hermana cuenta que una tarde Alberto y ella pasaban frente a una cantina donde tocaban los mariachis; al oírlos, él se soltó de su mano y entró corriendo al lugar. Virginia entró trás él, lo jaló de la ropa para sacarlo por la fuerza. El niño volteó, y para sorpresa de ella, en medio de las risas de los parroquianos, le dijo: "¿qué no ves que tengo que cantar, babosa?" La canción era San Fernando.

Recuerdo una escena que me da risa; yo tendría
cuatro años: mi hermano José Guadalupe dijo:
A ver, vamos a cantar una canción. Hay que recor-
dar que mi hermano me lleva quince años.
—¿Cuál quieres cantar?
—"¡Que te importa!" le dije, porque había una can-
ción que se llamaba así y mi hermana la tarareaba.
Mi hermano me dio un coscorrón, jugando, porque
era un chavalo de diecinueve años.

Me acuerdo cuando traté de abrir
la puerta y salir de la Casa del
Refugio, porque me costó mucho
trabajo abrirla. Es como un
sueño, estaba muy chiquito, y lo
que quería era respirar libertad,
lo que quería era a mi mamá.

Una de las primeras entrevistas que realicé sobre la
vida de Juan Gabriel me la concedió la maestra Micaela
Alvarado, una señora gentil y amable. Me recibió en su
casa, ubicada junto a las instalaciones de Semjase, en
Ciudad Juárez, fundación para la que desempeñó importantes funciones.

Al entrevistarla, advertí la importancia que ella tiene
en la vida de Juan Gabriel. Cuando él tenía cinco años,
Micaela fue su maestra, madre, amiga y cómplice de
travesuras. Narra cómo lo conoció en esos años la escuela, que funcionaba para tres grupos de niños con
diferentes funciones como: escuela primaria; escuela con
internado y guardería para niños, y escuela de mejora-
miento para menores infractores. Ella la dirigía cuando
Alberto cursaba la primaria como interno. Entonces
iniciaron una relación que los une hasta hoy. Lo conoció cuando Alberto vagaba por las calles y se ofrecía
para limpiar carros o para ayudar con las bolsas de
mandado a las personas que regresaban de El Paso,
Texas. Micaela lo vio chiquito y solo. Decidió buscar a
su familia y hacer un estudio social para saber si era
factible hacer algo por él.

Conoció a la mamá de Alberto y trató de convencerla
de que el niño no podía seguir en la calle, trabajar a esa
edad y tener responsabilidades económicas. Le habló del
internado, que ahí tendría cuidados, alimentación y las

atenciones que Victoria no estaba en posibilidad de darle. La madre le comunicó a su hija Virginia la decisión de internarlo, según cuenta Juan Gabriel:

—*Lo tengo que internar Virginia, no queda otro remedio.*

—*No mamá, no puede ser. Para qué lo va a internar, a los niños no se les debe internar, menos en un lugar así.* (¿Cómo pensó la hermana que era ese lugar?, ¿pensaba que su hermanito conviviría con niños infractores?)

—*¿Y tú vas a hacerte cargo de él? Yo no puedo. Es muy listo, observador y travieso, así que lo voy a internar ...*

Cuando tenía cuatro añitos, robaron cerca de donde vivíamos. Llegaron a investigar y le dije a la policía lo que imaginé que pudo suceder: "mire, aquí fue por donde se metieron, por allá dieron vuelta, y creo que aquí esto, afuerita aquéllo, que tal y cual. En fin, proporcioné una serie de pistas que sirvieron para aclarar quien o quienes habían robado. El jefe del grupo de policía comentó a mi hermana Virginia: "Este niño va a ser muy inteligente cuando sea grande."

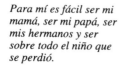

Para mí es fácil ser mi mamá, ser mi papá, ser mis hermanos y ser sobre todo el niño que se perdió.

En otra ocasión, un señor llamado Camerino le dijo a Victoria que le regalara al niño, que él podía hacerse cargo, que podía criarlo. La madre dudó.

Desde niño yo ya tenía mi camerino asegurado. Mi mamá no me regaló con Camerino porque su esposa tenía mal carácter y trataba muy mal a su hija.

La madre era joven y quería rehacer su vida al lado de otro hombre, además estaba consciente de los elementos de sobrevivencia y bienestar que le ofrecerian al niño en el internado. Costó años de esfuerzo de Alberto comprender y perdonar a Victoria.

Ella les advirtió al resto de sus hijos:

—Sé que les pareció mal la decisión, pero no puedo hacerme cargo del niño, si alguien quiere cuidarlo y atenderlo, que vaya y lo recoja.

Y nadie fue. Virginia estaba por casarse y los demás hermanos también o ya casados. Nadie quiso asumir la responsabilidad del cuidado del niño, y éste se fue de interno. Victoria se sentía tranquila de saber que ahí comería, estudiaría y lo cuidarían, y a pesar del dolor, debía desprenderse de él.

Por lo menos sé dónde encontrarlo, estamos en la frontera y aquí los niños se vuelven vagos. Ya se me perdió una vez y no quiero que vuelva a suceder.

Para mí es fácil ser mi mamá, ser mi papá, ser mis hermanos y ser sobre todo el niño que se perdió. Tuve que perdonar a mi madre, a mis hermanos, que no se hicieron cargo de mí, ni siquiera fueron a visitarme. Lo menos que pudieron hacer es ir a verme de cuando en cuando, para ver cómo estaba. Ni Virginia ni mis hermanos lo hicieron; mi mamá, pocas veces. Por eso tuve que perdonarlos.

Alberto ingresó al área de guardería de la escuela, en donde eran atendidos los niños más pequeños; él apenas tenía cinco años; inquieto y preguntón, era más inteligente que otros niños. La maestra Micaela se impresionó y pidió al doctor Daniel Cortés y a la profesora Aída Llanes, responsables del Departamento de Psicología, que le practicaran pruebas de personalidad. Los resultados fueron: niño de cinco años mentalmente sano y con un coeficiente intelectual alto, fuera de lo normal. Por tal motivo, la maestra se comprometió a hacerse cargo de él, vigilando su alimentación y su conducta mientras cumplía los siete años que se requerían para ingresar a la primaria. Para tenerlo cerca y mantenerlo entretenido, le asignó tareas de oficina: arreglar cajones del escritorio, gavetas. Era trabajador, ordenado, limpio, se bañaba dos veces al día y se cambiaba su ropita. Pronto aprendió a leer, escribir, a contar y leer el reloj antes de asistir al primer año de primaria. Le gustaba cantar y tocar una pequeña guitarra que pedía prestada a cambio de diez o veinte centavos. Es lo que le costaba tenerla en sus manos durante una hora todos los días. Le daban un peso de domingo. También tenía un amigo llamado Domingo Holguín, en ese tiempo inspector de policía. A Domingo le gustaba escucharlo cantar y le simpatizaba el muchachito. Luego quiso mucho a Alberto y le pedía que le cantara *Nuestro amor*, de Cuco Sánchez, y le regalaba unos centavos para que comprara lo que quisiera.

Algunas veces el niño acompañaba a Micaela al centro, lo que gustaba mucho al muchachito.

Solía entrar a las clases de canto, aunque no perteneciera a ningún grupo. Víctor Solares, el profesor, le permitió asistir a sus clases de música, y así aprendió canciones y a formar parte de grupos corales.

Desde esa edad Alberto era especial en sus alimentos: no le gustaba que le sirvieran la comida en el mismo plato, excepto el plato de su predilección, arroz y frijoles. Le encantaba la nata de leche, al grado que le

Algunas veces el niño acompañaba a Micaela al centro, lo que gustaba mucho al muchachito.
En esta foto vemos a la maestra Micaela Alvarado.

conseguían raciones extras, con disgusto de la cocinera. Si veía a la maestra Micaela triste o contrariada, le cantaba *Linda morenita* para contentarla.

El internado es el lugar donde se reúnen muchos niños separados de sus familiares. Unos juegan y juegan para no sentirse abandonados, otros estudian todo el día por la misma razón, y otros andan mugrosos y no les importa nada porque no pueden con el peso del abandono. Hay los que toman venganza del olvido y arremeten contra quien sea. Algunos no comen y se trastornan. El caso es que la mayoría de ellos, al salir del internado, quedan marcados, y no se sabe cómo reaccionarán y cuántas frustraciones tendrán.

Cuando la escuela organizaba festivales, Alberto participaba y ayudaba en la decoración del patio principal. Los festivales que más le gustaban eran los del día del niño, de la madre y de Navidad; gozaba poniendo el nacimiento y el árbol de Navidad.

No fue un niño tímido, retraído; se defendía solo y no se dejaba de nadie. Le costaba trabajo perdonar y olvidar ofensas que le molestaran. Convencido de tener la razón, se enojaba y peleaba. Cumplidos los siete años, inició la primaria. Tuvo muchos enfrentamientos con los maestros durante ese periodo, que se atribuyen a la precocidad e intuición del niño. A los maestros les costaba mucho esfuerzo entenderlo.

Alberto confirma los comentarios de la maestra Micaela, ya que recuerda que memorizaba de manera rápida canciones, personajes, nombres, anécdotas, respuestas de los niños, reacciones de los que lo rodeaban. Aprendía de otros lo que deseaba y observaba con paciencia. Memorizó canciones que le gustaron, y fueron un montonal. Era rápido para contestar. El sistema de enseñanza le parecía aburrido, no así lo que aprendía por aquí y por allá; donde fuera y como fuera. Le preguntaban: "¿Cuánto son uno más uno?", sin dilación contestaba "dos"; se ayudaba con una manita atrás de su cuerpo, contaba con los dedos. Pero

Juanito era aquel abuelo que Juan Gabriel hubiera querido tener. Él le enseñó, entre muchas otras cosas, su amor a la música y a tocar la guitarra.

se adelantaba a los profesores previendo la siguiente pregunta, pues conocía de antemano la respuesta. Hasta hoy tiene esa característica: intuición.

JUANITO

En este periodo, cada grupo destinaba dos horas diarias al aprendizaje de oficios en talleres. Alberto aprendió carpintería, panadería, impresión, encuadernación y talabartería. Mostró especial interés en la elaboración de juguetes de madera, lámina y barro. Ahí fue donde conoció a Juan Contreras, originario de Zacatecas, encargado de enseñar oficios como la hojalatería, quien se encariñó con Alberto, y le llamaba "mi Juanito". Él tocaba algunos instrumentos musicales, por lo que le enseñó a tocar guitarra. Juan tocaba el violín, y su alumno, mudo, tranquilo, sin moverse, lo veía y escuchaba. Juan lo estimulaba para que cantara. Alberto era el consentido y el niño lo vio como al padre que no conoció, o el abuelo que hubiera deseado.

Es cierto: Juan es ese abuelo dueño de hacienda que yo hubiera querido tener. ¿Cómo sería mi abuelo? ¿Cómo...?

Juanito era el hojalatero, y yo ahí aprendí porque él me enseñó. Aprendí muy rápido con él, estando a su lado. Logré construir canastitas, sillitas de juguete, juguetitos. Lo sé hacer todavía con mis manos. Los hacíamos para venderlos, y sí se vendían. A veces las autoridades del internado los daban como regalos a las personas que venían del gobierno. ¿Cuánto valían? Lo supe cuando salí y ayudé a Juanito a venderlos, creo que en veinte, veinticinco o treinta centavos, y un tostón la canastita, un peso por algu-

nas otras cosas que hacíamos. El trabajo de las ar-
tesanías no se aprecia mucho, son como pequeñas
obras de arte. Juanito era un señor delgadito, del-
gadito. Cuando uno es niño la gente se ve más gran-
de, pero él era un señor delgadísimo, que vino de
Zacatecas, por problemas que hubieron allá, duran-
te la Revolución. Se vino huyendo porque mataron a
Francisco Villa en 1920 en la Hacienda de Canuti-
llo. No recuerdo bien, yo estaba muy chiquillo y sus
historias no las repetía con frecuencia. Trabajaba en
Fresnillo, con una banda de ésas que tocaban en la
plaza, o con algún otro grupo, porque en las bandas
no usan el violín.

Juanito lo enseñó a ganarse la vida. Le dio muchos
consejos que todavía hoy atiende: respeto a los demás,
defensa de los derechos propios, amor a la música, la
superación y la gratitud.

Cuando cumplió siete años, se inició en el oficio de
hojalatería. Conoció lo que es un taller, aprendió a fa-
bricar tinas, cubetas y juguetes con botes de cerveza.

Aquélla, es la época de hojas de lata, ritmos del ruido
de las latas; golpes de lámina contra lámina, los metales
que golpean los botes vacíos, los tan-tan, tintines, tolón
ton ton. Partió del oficio de hojalatero al oficio musical,
que sale de entre los golpes de hojalatería y entra por
sus oídos, tum ta tum tin do do re ta tam tam. Son los
días de hacer juguetes con la música por dentro.

Juanito le enseñó muchas otras cosas pero, sobre todo,
le enseñó a trabajar y el rito de iniciación al oficio de la
música.

A esa edad me di cuenta de la bondad y la maldad,
y supe lo crueles que eran los niños. Al que le faltaba
un diente le decían "El Molacho"; al que usaba len-
tes, "El Cuatro Ojos"; al que le faltaba un brazo, "El
Remo". A mí no me gustaba eso, y fui aprendiendo.

Juan era sordo, y los niños le hacían bromas, decían cosas a las que él contestaba "que, qué". Luego los niños le decían una cosa por otra, "¿verdad que usted está loco?" y contestaba "sí mi hijo, sí hay focos". Total, los niños se reían de él que no se daba cuenta, yo sí. Me tocaba fuerte por dentro, sin darme cuenta ya estaba muy unido a él. Este hombre es un capítulo importante en mi vida. Un día me preguntó por mi familia:
—*oye Aguilera —se refería a mí como Aguilera, así se hablaba ahí, por apellidos. Me di cuenta que no sabía nada de ellos y a él le extrañaba que nadie me visitara.*

Siempre escribí, y de repente me di cuenta de la cantidad de canciones que tenía a esa edad. Juanito me dijo:

—*Aguilera, tú eres un niño inteligente, no eres como los demás ni vayas a ser nunca como ellos.*

Aprendí a no querer ser como los demás. Bueno, no me refiero a un niño al que sus papás iban a ver, sino a los otros, ya rumiando crueldades.

A Juanito, artesano, artista, músico y narrador de cuentos e historias a sus cincuenta años o más, lo querían sobre todo los niños pequeños, entre éstos Alberto, el preferido de Juan, porque aprendía rápido y servía de ayudante a sus compañeros.

También asistió al taller de panadería, donde enseñaba el maestro Camerino Ojeda, y aun cuando no tenía edad para ese trabajo, se le permitió entrar una o dos horas en las noches a ayudar a hacer el pan. A él le gustaba. Limpiaba hojas de lámina y batía pastas cuando le permitían. A cambio de su trabajo le regalaban panes que escogía para después compartirlos.

La influencia de Juan en Alberto fue tanta que años después, platicando con Juan Gabriel sobre un arreglo musical, me sugirió evitar sonidos agudos. Me explicó que los agudos de flauta o violín lo incomodaban, que tal vez esa idea la había sembrado en él Juan, que era medio sordo y utilizaba un aparato para oír mejor, y los sonidos agudos lo afectaban.

Cuando alguna mujer llegaba a decirle algo a Juan, sin que ella lo notara, él bajaba el volumen del aparato. Decía que la mayoría de las mujeres gritan y eso lo lastimaba. Es posible que las mujeres no tuvieran voces chillonas o tipludas, sino que al saber ellas de su sordera le hablaban a gritos para que las escuchara.

Cuando tocaba el violín usaba los sonidos graves y medio si necesitaba un sonido alto, lo procuraba de manera delicada, suave.

Una vez, desesperado por no salir del internado con más frecuencia, se enojó a tal grado que encerró a su mamá en la misma casa donde ella trabajaba como sirvienta, para que accediera a sacarlo del internado, pero de nada sirvieron los ruegos.

Un buen día escapó sin terminar la primaria, cursó hasta el quinto año. No buscó a su hermana Virginia porque ella vivía con un señor. Pero años después la vio, la vio llorar porque no lo pudo cuidar como cuando estuvo chiquito, la vio llorar...

Buscó el refugio natural en la casa de Juanito, y vivió con él y su familia. A los trece años, amén de trabajar vendiendo objetos artesanales, se inició en la vida nocturna de Ciudad Juárez. En ese entonces deambulaba buscando desenvolverse como artista, y mientras lo conseguía, trabajaba de ayudante de cocina y de mesero, sin alejarse de Juan. Cuando no pasaba las noches en su casa, dormía por centros nocturnos como el Noa-Noa, el Boom-Boom o donde fuera.

A los trece años, amén de trabajar vendiendo objetos artesanales, se inició en la vida nocturna de Ciudad Juárez.

Juan Gabriel a los 17 años de edad.

*A veces, doy con mi mamá con una
tristeza profunda, a veces me
parece que fue una pesadilla
vivir sin ella.
Uno huye de sus propios
personajes, de uno mismo. Y
cuando ha sido necesario, he
huído de mí. Aprendí desde
chiquito a estar conmigo mismo.*

*C*uando pienso o hablo de la niñez de Alberto, pienso en individuos que desde niños construyen sus historias con realidades y sueños, y que cuando crecen y voltean para contemplarse en su pasado, encuentran una mezcolanza de personitas y personajes que son él mismo dentro de su historia que construyó: tristezas, amores, alegrías, suposiciones y certezas. La niñez es pródiga, rica en estos juegos. Alberto vivió a la defensiva; la vida lo hizo un niño solitario que se abrió paso solo. Un niño casi huérfano de padres e interno desde los tres años de edad. Él mismo fue el niño, el papá del niño, el hermano del niño, el maestro del niño, todo al mismo tiempo. A los tres o cuatro años, aprendió que la cabeza es para pensar. En su universo de niño, sus pensamientos son su cuerpo y sus preguntas "¿Qué va a pasar mañana?", "¿qué voy a hacer?", "¿a dónde voy?", "¿quién soy y por qué no estoy con mi mamá?" Aguantó horas y días en esa pregunta. Veía la diferencia que había entre él y otros niños que tenían papá, mamá, familia. Desde chiquito sintió que, teniendo mamá, no la tenía, que ella le faltó desde pequeño. Se cansó, y de pronto rechazó esa pregunta, no quería saber más de esa lucha constante. Quería saber y no quería. Se adaptó a la ausencia.

A veces, doy con mi mamá con una tristeza profunda, a veces me parece que fue una pesadilla vivir sin ella. Uno huye de sus propios personajes, de uno mismo. Y cuando ha sido necesario, he huido de mí. Aprendí desde chiquito a estar conmigo mismo, y a acariciar a aquel niño que me necesitó, y todavía lloro cuando soy aquel niño, y también me río. Me río por las travesuras que hacía, las del internado. No me acuerdo de haber visto a mi mamá más de tres veces yendo a visitarme al internado, y sí veía que a los demás niños los iba a ver su familia, y yo me quedaba mirando y mirando. Fui callado y me dedicaba a observar. Yo hablo cuando me preguntan, y así me veo desde entonces. Benditas las preguntas del que quiere saber; la gente ignorante es peligrosa. Nunca me interesó hablar con un niño de mi edad. Cuando tenía ocho años, veía a los que tenían diez, porque eran los años que yo iba a cumplir dentro de dos, y quería ver cómo iba a ser yo, o cómo quería ser. Entonces me preocupaba cómo estaría dentro de un tiempo. Me aprendí a mí mismo para ver cómo sería de más edad. Uno necesita estar dentro de uno mismo para conocerse, y así fui desde pequeño. No tenía amigos. Mejor así, no me debía encariñar y acostumbrar con nadie, porque tarde o temprano iba a venir su mamá por él y yo me iba a quedar otra vez solo. Hablaba solo. Lloraba mucho. Jugaba poco.

A Cri cri *lo conocí apenas ahora, aunque bailé* El ratón vaquero *en la escuela, pero no sabía de quién era. En resumidas cuentas, no fui un niño. Ahora lo soy, me gustan las canciones de* Cri cri *y se las canto a mis hijos, les he compuesto canciones pensando en* Cri cri.

Cuando escuché la radio tenía tres años; pensé que había un hombre adentro. En esa época había una canción que decía: "Señora, no me vende usted ese perrito, yo se lo quiero comprar, me gusta por bonito y cariñoso". Me gustaba la canción. Cuando se aca-

baba, le decía a mi hermana "¿por qué cambiaste de estación? Quiero otra vez esa canción". Alguna vez soñé que componía un radio, y andaba buscando al señor que estaba adentro.

Hice quehaceres de la casa. Ayudaba en eso. La basura la tiraba ahí en el basurero del internado. Así fue como me escapé una de esas veces que fui a tirar la basura.

No recuerdo nunca haber dormido con miedo, dormía y me iba así, me iba y veía a un niño que viajaba al espacio, regresaba y despertaba, y sabía que si volvía a dormir me iría al espacio, porque también quería conocerlo. Me daba curiosidad. Una noche me dormí y de plano me fui para allá, cada vez me iba más y más lejos pero sabía regresar. Hasta que una noche me fui muy lejos, donde yo sabía que había alguien, otro alguien que me detenía en el aire con las manos. Primero vi una piedra chiquita, y al acercarme creció y creció más. Me acerqué y empecé a notar que no era una piedra, que era una persona. Me vi girando. ¡Claro que sí!, y allá también vi a un señor dando vueltas y vueltas, y noté que me observaba. Quería estar seguro de quién era ese alguien. Y esa persona era yo. Ahí aprendí a volar, a irme, a apartarme.

Me gustan las lagartijas y los animalitos; me gustaba mucho verlos a los ojos, me fijaba cómo eran sus ojos. Estaba en la edad de aprender de los animales, cómo eran los animalitos.

Allá en el internado, qué espantos ni que nada, ahí todo era trabajar y aprender, no era cosa de asustarse. A veces escucho que amenazan a los niños con mandarlos al internado, "pa' que se coma la comida o pa' que haga lo que debe hacer", es como decirles que va a venir el coco. Nada de eso, yo nunca tuve esos miedos, ni oí hablar de espantos.

Esta foto aparece en su álbum *Recuerdos*.

El niño creció junto con su curiosidad y su deseo de abandonar el encierro. Victoria lo visitó, en pocas ocasiones, algún fin de semana. A veces fue con él a misa, más como paseo que como deber religioso. Pero a él no le gustaba, porque las imágenes religiosas le producían miedo, acaso por la sangre de Cristo crucificado, el rostro de la Dolorosa y el gesto angustiado y triste de algunos santos. Desde entonces ha querido permanecer alejado de esas imágenes de sufrimiento y soledad.

Una de las pocas veces que mamá decidió llevarme a pasear fuimos a la iglesia y me ensenó que ahí estaban los santos. Mujeres, más que los hombres llamaban a los santos, les rezaban, les lloraban. A mí me impresionó el tamaño de los santos, me parecían muy chiquitos para el nombre que tienen. Me sentía confundido al ver cómo mi mamá permanecía durante largo tiempo con la cabeza baja rezando muy quedito; la vi llorando. Ella sí tenía una gran devoción. Al verla así, me hacía muchas preguntas. Pensé que los santos hacían llorar a mi mamá, después los vi con cuidado y vi que sufrían mucho, les vi dagas encajadas en el corazón, fue aterrador.

Lo mejor que pude hacer fue callarme, aislarme, no recordar a los santos.

A mí me gusta la noche, estar solo con mis preguntas en la noche. Tampoco creía en Santa Claus; sabíamos quién llevaba los juguetes. Los niños del internado salían a pasar las fiestas de Navidad, quizá ellos sí pensaban en Santa Claus. A mí nunca me llevaron juguetes, nunca encontré juguetes debajo de mi almohada. Los religiosos nos llevaban algo, pero juguetes no; llevaban zapatos, cuadernos, camisetas, calcetines, calzones, todo menos juguetes, porque ésos podíamos construirlos o imaginarlos. Los papás se disculpan con juguetes más o menos caros o coquetos; compran juguetes como una disculpa por la falta de tiempo para dedicarle a los hi-

jos. Me hubiera gustado un juguete caro, me hacía mucha ilusión. Pero si me hubieran preguntado en mis edades primeras y hasta recientes qué prefería, yo contestaría que estar con mi mamá.

Cuando estrené un par de zapatos o un pantalón, no sentí nada: "yo para qué quiero esos zapatos, yo lo que quiero es salir, ponerme alas". Lo que pedía era alas para vivir, alas para salir de ahí y volar.

Había una tabla dibujada con las teclas de un piano, y Juanito decía:

—Mira, éste es "do", ésta es "do".

La misma tecla es "do", el mismo sonido, y no sabía ni qué era "do", ni "re", qué eran "do, re, mi, fa, sol, la". Yo no le entendía bien, pero escuchaba cuando él me hablaba de esas teclas, y lo que escuchaba era la música. Si él despertó en mí la musicalidad, no lo sé. Me ayudó muchísimo, él sabía que yo cantaba, cantaba en las fiestas: Aguilera ve a cantar, ve a bailar; Aguilera vé a hacer esto, vé a hacer lo otro, todo referido a la música y al baile. Nací para esto. Cuando se trataba de que el niño fuera a bailar y a cantar, me transformaba en otro niño, pues yo era así, de cantar y bailar.

El día de las madres hacían fiestas, pero mi mamá no iba. Yo tenía que cantar para las demás mamás, y hacerlo bien, hacer quedar bien a la escuela, si no, te daban fabulosos pellizcos. Nunca me pegaron pero sí me dieron muchos pellizcos. No se acostumbraba pegarle a los niños, pero sí pellizcarlos.

VI. DE NUEVO EN PARÁCUARO

Esta fotografía, tomada el
15 de octubre de 1976, la
dedica el joven Alberto a
su hermana, "deseándole
felicidad y dicha".

Cuando por fin huí del internado, busqué a mi mamá. Ella estaba en el terreno aquél al que llegó con un gentío. Ocuparon esos lares como lo hacen "los aviadores". Gente sin casa que llega a ocupar y se queda ahí a vivir. Mi mamá se apropió de un pedazo, y decidió darle otro a cada uno de sus hijos. A mis hermanos José Guadalupe, Pablo, Gabriel, Miguel y Virginia no se les ocurrió construir las paredes de la casa de mi mamá, ni se les ocurrió hacer las letrinas.

La sorpresa y el enojo de Victoria son mayúsculos por la huída de su hijo y porque ella vive al lado de un hombre y no puede atenderlo y sabe que entre ellos se suscitará una discusión que acabará en pleito y confrontación. Alberto, agitado, con enojo por celos, además de la angustia por el rechazo de su madre, escapó contento, gozoso y exaltado del internado, sólo por verla. Planeó la huída durante semanas. Cuando ella lo recibió con regaños, se sintió confundido, errado. ¿Qué puede hacer para que Victoria lo quiera a su lado, para que lo extrañe? Victoria, distante, con el pensamiento en el conflicto próximo, como mujer que necesita a un hombre y como madre de Alberto que la quiere tanto, se irrita y no le hace caso. Por qué no... por qué sí... porque ¡Dios mío!,

Los ríos de Michoacán están dentro de la naturaleza, del bosque; una naturaleza formidable que habla de la vida. Quería meterme, nadar en ellos, disfrutar sus aguas. Los ríos y árboles amontonados, altísimos, en los alrededores del pueblo me parecían maravillosos, me daban sensaciones de libertad.

Acuarela de la Isla de Janitzio, en el estado de Michoacán.

¿cómo le explica? Parece inevitable una nueva separación. Alberto no quiere molestarla y se va a refugiar nuevamente a la casa de Juanito. Pasan tres días, Victoria lo busca y decide llevarlo a Parácuaro, donde se encuentran sus hijos mayores, tal vez ahí podía orientar los pasos de su hijo y los dos vivirían en paz.

La casa de Parácuaro era de adobe y techo de tejamanil. Tanta pobreza me produjo tristeza. Era bonita para mis hermanos y mi mamá, que vivieron allá como familia; yo no, aunque hubiera preferido vivir en esa casa con ellos que estar de interno. Pensé en Juanito, él me protegería de esta pobreza y de no regresar al internado, porque si no me quedaba en Parácuaro, a lo mejor mi mamá me llevaría al internado. Juanito me protegería en Ciudad Juárez... pero me quedé como un año.

Vi un río en Juárez, no me acuerdo haber fijado mi vista en él, con un puente que tenía que cruzar. Lo crucé, vi el Río Bravo, no le tomé importancia, como fue a los ríos de Michoacán, porque ahí están dentro de la naturaleza, del bosque; una naturaleza formi-

dable que abarca lo se que habla de Michoacán, que habla de la vida. Quería meterme, nadar en ellos, disfrutar sus aguas. Los ríos y árboles amontonados, altísimos, en los alrededores del pueblo me parecían maravillosos, me daban sensaciones de libertad. Quería pasear para conocer todos los bosques y ríos de mi tierra. Viví en Parácuaro. Mi mamá me llevó con mis hermanos, porque tenía mucho miedo de que anduviera de aquí para allá sin hacer nada; para arriba y para abajo, sin oficio y sin trabajo. Me llevó para que mis hermanos me enseñaran a trabajar la tierra. Estuve allí un tiempo, como un año, yendo a caballo a llevarles de comer a mis hermanos Gabriel y José Guadalupe, que estaban allá. Mi tía debe acordarse más que yo de esto: caminaba veinte kilómetros o más para llevarles de comer. Cuando era tiempo de lluvias, hay que imaginar. Dejaba el caballo ahí, porque no podía cruzar ese río grandote y precioso. ¡Vaya!, ¡vaya con aquel río profundidad de más de siete metros! Río ancho que debía cruzar agarrándome de un cable de alambre que ponen para defenderse de las caídas, agarrándome como Rambo de uno y otro lado, y de donde uno pudiera. Yo cruzaba con un morral al hombro, en donde llevaba la comida de mis hermanos. Pude haberme caído muchas veces, pero tomaba todas las precauciones del mundo. No era el único, había muchos que pasaban con sus morrales al hombro. Cruzábamos corrientes que se llevaban a las vacas, las arrastraban; se llevaban todo lo que había a su paso. Si me caía, me moría.

Me dijeron que pensara en el Ángel de la Guarda para que no me llevara el río. A los trece años, allá en Parácuaro, mi mamá me pedía que fuera a misa porque quería convertirme en el niño que ella hubiera querido. A esas alturas ya era imposible; no me crié con ella. Me hablaba de religión, del Ángel de la Guarda. Yo no quería contrariarla, pero le recorda-

ba que en el internado nunca nos enseñaron ni nos hablaron de Dios, de santos, ni nada de religión. Solamente cuando los Testigos de Jehová, los metodistas, adventistas, cualquier secta o grupo religioso nos visitaba y regalaba ropa y dulces, nos volvíamos, metodistas, cristianos, católicos o lo que fuera para quedar bien con ellos y agradecerles los regalos.

¿El Ángel de la Guarda? Nunca creí en él porque me crié en una escuela no cristiana ni de ninguna otra religión, era un internado laico, jamás nos enseñaron a persignarnos antes de dormir, mucho menos a rezar. Supe del Ángel de la Guarda bastante tarde, como a los diez o doce años, tardísimo para creer en esas cosas. "qué Ángel de la Guarda ni que ocho cuartos, pensaba, a mí no me lo programaron".

El cine lo conocí en Parácuaro. Mi mamá me llevó a Parácuaro. Fuimos al cine que llevaban los húngaros por todos los pueblos. Eran los años del 63. Los húngaros instalaban carpas y pasaban películas para el pueblo y cobraban por entrar.

Me veo escribir canciones a los doce y trece años, por la necesidad que tenía de expresar lo que sentía, lo que vivía. No imaginaba que podía ser artista para salir de pobre, y mucho menos ser artista y cobrar por ello. Desde entonces supe que una pregunta hay que pensarla muy bien, porque en ella está la respuesta. Yo mismo me preguntaba y me respondía y hacía canciones. No me acuerdo cuándo empecé.

Para Alberto resultó de gran utilidad ir a Parácuaro. Aprendió cosas diferentes de las que había vivido, y gozó estar más cerca de su madre. Sin embargo, la ansiedad de cantar, de conocer lugares dónde cantar, lo hacía pensar con frecuencia en Ciudad Juárez. Algo le decía que debía regresar para encontrar lo que quería de la vida: cantar y escribir canciones. En Parácuaro ya tenía canciones escritas en un cuaderno de pasta roja.

Mi primera canción se llama La muerte del palomo. *Primero se la di a mi hermano José Guadalupe. (Juanito no supo que hacía canciones hasta más tarde.) Quise que mi hermano se la aprendiera conmigo para que no se me fuera a olvidar, y entonces empezaba a cantar "nunca volverás paloma..." y con ritmo movía los pies y seguía la "nunca volverás paloma... triste está el palomar". Mi hermano me observaba, pero yo no me daba cuenta, porque estaba más interesado en la canción. Él me decía: "¿De veras es tuya?, ¿no la oíste por ahí, y luego se te pegó? No me cuentes mentiras, ¿eh?"*

—¡No, te juro que yo la compuse! La compuse hace dos o tres noches, o una semana y estoy haciendo otra, mira mi cuaderno...

Empezaba a soñar con la vida nocturna de Ciudad Juárez. Parácuaro no tenía esa vida, él era un personaje de la música y de la noche, de las sombras y de luces de las marquesinas.

Victoria, frustrada en su propósito de orientarlo hacia una vida que ella consideraba mejor, pedía a su hijo que se quedara, pero no hubo forma de convencerlo. Muy a su pesar, Victoria regresó con él a la frontera.

Al llegar a Ciudad Juárez buscaron a Virginia, que por esos años preparaba y vendía burritas con tortillas de harina. Alberto comenzó a vender las burritas a los amigos que conocía en cantinas, al recorrer calles, en fábricas, tiendas y paradas de autobuses y taxis. Un día, en el cruce de La Paz y Noche Triste, escuchó cantos parecidos a un himno o salmo. Eran las voces de un templo metodista. Entró, se quedó quieto, observó y escuchó. Los del templo notaron su presencia. El muchacho con su olla de burritas despertó simpatía, por lo que pronto le hicieron plática, y al cabo de un rato les contó su historia. Así fue como trabó amistad con las hermanas Leo-

Empezaba a soñar con la vida nocturna de Ciudad Juárez. Parácuaro no tenía esa vida, él era un personaje de la música y de la noche, de las sombras y de luces de las marquesinas.

nor y Beatriz Berumen, quienes se encariñaron con él y a los pocos días le ofrecieron trabajo en el templo y casa. Alberto fue a vivir con ellas. Entre sus quehaceres estaban limpiar el templo, leer la Biblia y aprenderse pasajes completos para narrarlos a los creyentes cada domingo. Lo que más le gustaba era cantar en el coro. Ahí conoció a un pastor de El Paso, Texas, a quien le cayó bien y lo invitó a trabajar en un templo de Elsenore, California. Su espíritu independiente y aventurero lo hizo dejar a sus amigas, como también a su mamá, a Virginia y a las burritas y los clientes que las comían.

La mayor parte de la población de Elsenore era negra. Vivió durantes seis meses con una familia de esa comunidad. Fue una experiencia de enorme riqueza: conoció la fe y el amor que esa gente manifestaba a Dios en sus cantos. Voces de mezzosopranos, barítonos, bajos; voces potentes de negros a coro o como solistas, interpretando música de júbilo, de agradecimiento, *godspells*, algarabía, pesares y dolores, *spirituals*. Una sola voz que empezaba suave, a la que se agregaban siete, nueve, y finalmente treinta y nueve voces que llenaban el cuerpo de los oyentes con los sentires y ritmos afroamericanos de una cadencia que hacía mover las entrañas hasta que se apoderaban de la sangre, y el sentimiento y las sensaciones no podían ser más fuertes. La intención de detener la expansión y el júbilo estallaba en alegría o abatimiento.

Voces del coro que retumban en el templo, salen por las ventanas y resquicios de las paredes; llegan al caserío y convocan al pueblo de negros a cantar a Dios, porque los negros, al cantar y convocarse, nos dicen quiénes son y cómo han sufrido por la discriminación, cómo han luchado por su vida, porque la aman, porque disfrutan el ritmo, su cuerpo, y aman a Dios.

Estas voces hicieron llorar a Alberto y le dieron alas, alas grandes, grandísimas; alas del tamaño de sus ganas de hacer canciones. En ese momento Alberto pensó que si Dios existía, debía ser negro.

Realizó diversas actividades para sobrevivir, pero la música le era esencial.

Juan Gabriel en Ciudad Juárez, octubre de 1976. La foto se la dedicó a su tía Teresa de Tanganzícuaro, Michoacán.

VII. A MÍ ME GUSTA MÁS ESTAR EN LA FRONTERA...

Raúl Loya, el "compadre
más padre", bautizó a
Alberto como "Adán
Luna", su primer nombre
artístico. Debutó con la
canción *María la bandida*,
acompañado por el
mariachi de Gil Soledad y
su banda.

*A*l cabo de un año Alberto regresó a Ciudad Juárez y buscó una oportunidad en la televisión local. Se la dieron en el programa Noches Rancheras, del Canal 5 local, que conducía Raúl Loya, el "compadre más padre". Él bautizó a Alberto como "Adán Luna", su primer nombre artístico. Debutó con la canción *María la bandida*, acompañado por el mariachi de Gil Soledad y su banda.

Alberto recuerda con afecto a sus compañeros de ese tiempo, Ana Lilia Arellano (para quien compuso la canción *Ana de mis sueños*, que canta Lorenzo Antonio), María del Carmen, Armando Corona, Carlos y Martha, y Miguel Ángel, "El ojiverde".

En esos años 1964-1965, todavía era menor de edad, y con frecuencia lo tenían que sacar de los bares en donde solicitaba oportunidades para cantar. Formó parte de la variedad del cabaret Noa-Noa, en donde, acompañado por el grupo "Los prisioneros del ritmo", interpretaba *Adoro, Cenizas, Yo te amo, Yo sé que no es feliz, Harlem español*. Al año siguiente cantó en el Noa-Noa, en La Cucaracha, El Palacio Chino, el Cucamonga, el Boom Boom, el Curlie's bar, el Hawaian y el Carrusel, con Fili Muñoz y sus "Caballeros Victoria".

Un gran amigo de Alberto desde los años de sus pininos como cantante en los lugares donde deambulaba en Ciudad Juárez, Daniel Mijares, amablemente accedió a evocar aquellos años cuando él y Alberto se conocieron:

"A Alberto me lo presentó un amigo, otro chavalo jovencito, igual que él. Yo trabajaba entonces en El Paso, y este amigo se quedaba en mi casa. Empezó a llevar a Alberto a escondidas. Varias veces, al llegar del trabajo, lo encontré ahí, y en una ocasión le dije:

—¿Por qué está aquí este chavalo?, ¿por qué lo dejas entrar?

—Es que no tiene casa y su familia no lo acepta, y pues aquí viene a estar conmigo y aquí comemos.

—Se vé que es menor de edad —le dije—, y no quiero tener problemas —porque pensé que si su familia lo buscaba, yo me metería en problemas.

—Pues ya no lo voy a dejar entrar.

Pero siguió metiendo a Alberto a escondidas, y el chavalo empezó a mostrarme afecto. Me seguía y me buscaba en lugares donde yo iba a tomar, o con mis amigos. A él no lo dejaban entrar porque era menor de edad, cuando mucho tendría unos dieciséis años. En ese tiempo me buscaba para mostrarme sus canciones que traía en unos cuadernos, de hojas corrientes.

—Mire, compuse ésta, ¿qué le parece?

Y me la cantaba así, a capella, como le dicen ahora, porque no había guitarra, el pobre no la tenía. Entonces yo le decía que estaban muy bonitas, pero al mero principio no le creía que eran de él:

—Ni son tuyas.

—De veras, yo las compongo y tengo muchas canciones.

Ya en ese tiempo decía que tenía más de cien. El Noa-Noa era un lugar de ambiente para los turistas también, así que se tocaba diariamente. Cada vez que se podía, los muchachos le daban oportunidad a Alberto para que se echara una cantadita allá arriba en el escenario. No lo dejaban cantar en otros bares por ser menor de edad; estaba chavalito. Así conoció a David Bencomo, el dueño del Noa-Noa y el Hawaian. Alberto daba serenatas con gente que conocía ahí mismo en el bar: 'Oye, vamos a llevarle serenata a mi novia, o a mi esposa'. Él iba. Le pagaban cinco dólares, que eran como sesenta nuevos pesos de ahora. Ésa era la forma que tenía para vivir, y la forma como vivía. Tenía problemas con su familia, para entonces ya la había dejado. Quería triunfar, ser alguien. En casa de su mamá le decían que no fuera artista, que nomás andaba de vago con amigos, perdiendo el tiempo y en malas compañías. Él se sentía mal, como malquerido, como que no lo entendían. Quería que alguien lo comprendiera, que escuchara sus canciones y le dijera si estaban bien o no. Aunque yo no sabía nada de música, ni tampoco sé de letras de canciones, a mí me parecían muy bonitas y con mucho sentido: en ese tiempo compuso casi todas las de su primer LP. Alberto se levantaba diariamente e iba a buscar a su familia; siempre la procuraba. Caminaba hacia allá arriba de Ciudad Juárez, a una colonia muy retirada, hacia la periferia. Después de visitar a su mamá y a sus hermanos, le gustaba andar por la avenida Juárez que la tenía recorrida de pe a pa, y lo conocían los vendedores de flores, chicleros, tenderos, torteros, vendedores de

---

EL NOA-NOA

Cuando quieras tú divertirte más
y bailar sin fin
yo sé de un lugar, yo te llevaré
y disfrutarás de una noche que
nunca olvidarás.

Quieres bailar esta noche
vamos al Noa-Noa Noa-Noa
Noa-Noa Noa-Noa Noa-Noa
vamos a bailar

CORO: Vamos al Noa-Noa
Noa-Noa Noa-Noa Noa-Noa
Noa-Noa
vamos a bailar.

Éste es un lugar de ambiente
donde todo es diferente
donde siempre alegremente
bailarás toda la noche ahí.

Éste es un lugar de ambiente
donde todo es diferente
donde siempre alegremente
bailarás toda la noche ahí.

Esta noche te invito a bailar
esta noche mi amor
La ra la la la.....

Quieres bailar esta noche
vamos al Noa-Noa Noa-Noa
Noa-Noa Noa-Noa Noa-Noa
vamos a bailar

CORO: Vamos al Noa-Noa
Noa-Noa Noa-Noa Noa-Noa
Noa-Noa
vamos a bailar.

Volante que anuncia una de las primeras apariciones de Juan Gabriel en el centro nocturno Boom-Boom de Ciudad Juárez, aún con el nombre artístico de *Adán Luna*.

Alberto empezó a figurar en los programas del Boom-Boom y también en El Palacio Chino. Pero casi no interpretaba sus canciones. Cantaba las que estaban de moda y una que otra de él.

billetes de lotería, boleros. Ésa era su vida. Por la tarde llegaba a mi casa; ahí comía y se bañaba. Para las siete u ocho, cuando empezaba a obscurecer, se dirigía al Noa-Noa.

En ese tiempo el Noa-Noa no presentaba personalidades de renombre, porque estaba el Malibú, donde participaban artistas de mayor categoría. Era uno de los lugares más elegantes en esa época. Alberto empezó ahí como de relleno; no lo anunciaban y le daban cualquier cosa, cinco o diez dólares. Pero en el Noa-Noa los chavalos, los muchachos, le daban permiso de subir al escenario y cantar con ellos.

El Boom-Boom tenía un estilo tropicalón, decorado con palmeras, al estilo jarocho. Presentaban una variedad que incluía a artistas famosos, grandiosos, como Tongolele. Cada ocho días cambiaban el repertorio. Le hacían la competencia al Malibú, y después de un tiempo se fue apagando. Para entrar al Boom-Boom la gente hacía cola desde dos cuadras antes del puente internacional, y se organizaban pachangas de las ocho de la noche hasta las ocho o nueve de la mañana del día siguiente. ¡Un lugarzazo tremendo!

Alberto empezó a figurar en los programas del Boom-Boom y también en El Palacio Chino. Pero casi no interpretaba sus canciones. Cantaba las que estaban de moda y una que otra de él. Después, por gusto, nos íbamos al San Carlos, un lugar que todavía existe. Ahí cantaba con mariachi. El San Carlos se volvió cada día más folclórico, más familiar; iba mucho turista, mucho gringo, de todo, y pura música de mariachi. A Alberto le gustaba cantar con ellos ".

Anteriormente mencioné que el señor David Bencomo era el dueño del Noa-Noa (lugar, por cierto, al que Alberto inmortalizó con una canción). Él también me dio la oportunidad de conversar acerca de los inicios de Juan Gabriel en Ciudad Juárez:

"Yo recuerdo a Juan Gabriel desde que era casi un niño, cuando andaba vagando, cuando se quedaba en el piso de una casa, al pie de una puerta, pues nadie lo admitía, no lo querían, lo rechazaban porque era menor de edad, y los menores de edad no pueden entrar a los cabarets, y menos cantar. Fue cuando llegó conmigo. Batallé

En los centros nocturnos de Ciudad Juárez estrenó muchas de sus canciones. Se empeñaba mucho en mejorar.

para que estuviera en el lugar, porque por ser menor de edad las autoridades no le permitían entrar a esos sitios. Los clausuraban en cuanto encontraban a uno y ése era el peligro que yo corría con este niño, pero entraba y cantaba sus canciones. Luego se salía y al rato volvía. ¡Muy luchador! Era muy luchón el Adán. Se empeñaba mucho en mejorar, lo intentó y lo logró. Llegaba y le pedía a los músicos que lo acompañaran con una pieza, y con harto gusto hacían lo que solicitaba.

En los centros nocturnos de Ciudad Juárez estrenó muchas de sus canciones. Creo que *No tengo dinero* la estrenó en otro de mis establecimientos, el Hawaian. En el Noa-Noa cantaba una sola canción, se iba y volvía al rato para cantar otra, claro que a escondidas de la policía. Cuando recibía dinero les daba algo a los polis para que no lo molestaran".

Por aquellos años de abandono, de lucha, de carencias, Alberto encontró el cariño de muchas personas que de una u otra manera le brindaron un refugio y, por qué no decirlo, eran como su familia.

Personaje importantísimo para Alberto fue Mercedes Alvarado, La Meche, como él la llamaba.

Hoy en día está encargada del guardarropa del Noa-Noa, y su figura aún recuerda el porte que ella tuvo en aquel Noa-Noa de los años sesenta. Ahí La Meche vivió toda clase de emociones y experiencias, entre ellas la de haber conocido a su gran amigo, Alberto Aguilera, para ella "Adán Luna":

"Yo lo conocí como Adán Luna; a mí no me gusta decirle Alberto. Él a mí me decía Meche o Mercedes. Yo trabajaba entonces en el Noa-Noa. Vivimos juntos, sufrimos lo que era la pobreza y toda esa historia. Antes de cantar, él lavaba ropa a mujeres de la vida galante; también trabajó de mesero; no nada más era andar con la guitarra en las esquinas.

Yo lo conocí lavando ropa ajena en el callejón. Lo volví a ver después afuera del Noa-Noa.

—¿Usted trabaja aquí? —me dijo.

—Sí, aquí trabajo.

—¿Podría meterme?

—Pues sí.. ¿Qué, eres menor de edad o qué?

—Pues sí, soy menor.

Lo único que él quería era que lo dejaran cantar, que lo escucharan.

—Pues a ver cómo le hago.

Así fue cómo lo metí. En esos momentos me echaba mis tequilas con los integrantes del grupo que ahí tocaba y les dije que a ese muchacho le gustaba la cantada y quería ver si lo dejaban. Y así fue; si no venía un día, venía al otro. Don David Bencomo lo sacaba a veces porque decía que con menores de edad no quería nada porque le podían cerrar el lugar. Después se vino a vivir conmigo al Hotel Ritz. Lo que quería era cariño, una amistad. Yo lo quise como un hermano. Andaba con su libro, su cuaderno, porque él escribía. A veces me decía que iba a llegar a triunfar. Yo le decía que sí, que no perdiera la fe, que no se deprimiera; porque a veces sí se deprimía muy feo. Cuando andaba enfermo de la garganta me pedía que no saliera, que me quedara a cuidarlo. Y

yo lo cuidaba. Es tierno el Adán, él me quiso en aquel tiempo, me quiso mucho.

A veces salía con la guitarra y al regresar me decía: 'ya conseguí dinero, vamos a comer', vamos a esto, vamos a lo otro. Compartimos todo: nos enfermamos, a veces no teníamos qué comer, pero lo compartíamos. Su sueño era ser artista. Él era bien tierno. Si yo estaba enferma me cantaba, arremedaba artistas, los imitaba. Nos reíamos, nos carcajeábamos de los imitados y hasta de la vida. A los dos nos había faltado cariño de padre, madre, de familia. Por eso él y yo nos buscamos, nos procuramos cariño entre los dos.

En casa de la señora Esperanza Mc Culley, en 1970.

Él traía sentimientos revueltos. Tan chavalón, guapote y ya con eso adentro, daños, pesares, y quería echarlos en las cantadas; eso es buenísimo. Hay otros que se mueren con las dolencias y el desconsuelo adentro, mientras que él cantaba todo el tiempo."

Mis amigos andaban en la calle, y yo con ellos, porque no estudiábamos. Soñaba, siempre soñé en ser mejor y saber más. Cuando empiezo a cantar en el Noa-Noa, el Boom Boom y La Cucaracha, la gente ya estaba ahí, no iba por mí. Los que cantábamos de relleno, lo hacíamos para amenizar. Algunos años después, cuando yo "pegué", Octavio del Rey, mi representante, me llevó a actuar, pero yo sigo creyendo que la gente que está ahí va por otras razones, no por mí. Nunca pensé en cantar para ser famoso.

Ya no tenía miedo a nada. Vi de todo, viví de todo allá en Juárez.

Mención aparte merece la señora Esperanza Mc Culley, a quien Alberto siempre ha considerado como una segunda madre, y a quien también conoció por aquellos años. Doña Esperanza conversó sobre ese encuentro:

"Lo conocí una noche, cuando él trabajaba en el Malibú. Yo vivía y trabajaba en El Paso, Texas, y fui a pasear con un grupo de amigos a Ciudad Juárez. Lo vi y me encantó ese joven, casi niño, que cantaba con tantas ganas, tan chavalón. ¡Padrísimo cantante! Mi marido acababa de morir, yo estaba muy sensible. Además, Alberto nació el mismo año en que yo perdí a mi primer bebé. Eso lo supe después. Por su aspecto sentí que mi hijo tendría su edad. Por eso, al verlo tan joven, ganándose la vida cantando, tuve la sensación de que necesitaba protección, la protección de una madre, y creo que me propuse serlo.

Al terminar su actuación me acerqué a saludarlo al camerino. Ya sin reflectores, sin músicos, fuera del escenario, me pareció más desvalido. Platicamos largo rato. Me contó parte de su historia, me conmovió; me habló de sus planes, de sus sueños, me cautivó. Al saber que no tenía a nadie esperándolo, que le daba lo mismo llegar a casa de Daniel (Mijares), que con Meche o con cualquier otro cuate, le ofrecí mi casa para cuando quisiera sentir calor de familia. Para entonces, mis hijos eran chicos. Casi enseguida se volvió parte de nosotros y empezó a ser como un hijo más, venía a vivir con nosotros durante temporadas. Cuando tenía dieciséis años, su intención era ir al D.F. y triunfar. Tuvo que ir y venir. Debía buscar quién lo conectara con otro, quién lo ayudara, a alguien que lo escuchara y grabara una de sus canciones. Fue tres veces a la ciudad de México y regresó a Juárez sin conseguir nada. Y tuvo la amarga experiencia de que lo encerraran en Lecumberri en el tercer viaje, en 1971.

La señora Esperanza Mc Culley fue para Alberto una segunda madre.

Conocí a su mamá. Mis hijos, Alberto y yo la visitamos. Le daba gusto que su hijo viviera con nosotros. En una ocasión le pregunté si ella aceptaba que yo lo adoptara y ella dijo que sí, que con gusto, que me daba la carta que yo necesitaba. No imaginé que Alberto se iba a sentir tan triste. Le dolió que su mamá lo regalara en adopción tan fácilmente. Claro que la señora lo hacía para que el chamaco no anduviera de un lado a otro, para que una familia le sirviera en su formación, en su educación. Él no lo entendió así. Ese día nos despedimos como siempre. Ya no regresó a mi casa. Se enojó conmigo porque provoqué que su mamá reaccionara como si no le importara su hijo. Así lo tomó él. Antes de eso nuestra relación era de alimentarlo, oír sus problemas, preocuparme por su salud y por lo que se propuso alcanzar. Lo entendía. Veía en él talento; me di cuenta de que apuntaba para ser un genio. A esas personas sólo podemos conocerlas una vez en la vida".

La noche previa a su viaje para grabar por fin (agosto del 70).

Jesús Salas, considerado por Alberto como su mejor amigo, ha sido compañero inseparable además de ser su cuñado (a lo que me referiré más adelante). Al preguntarle a Jesús en qué momento conoció a Alberto, él me contestó:

"No recuerdo la fecha exacta en que conocí a Alberto, pero fue a fines de 1966. Yo escapé de mi casa en Torreón, al igual que Rafael Rivera, también de Torreón, gran amigo de Juan Gabriel y hasta la fecha su colaborador cercano. Llegué a México, D.F.; era un chamaco de catorce años. Me juntaba con los amigos en la Zona Rosa. Ahí se juntaba un chorro de gen-

Esta foto le fue tomada en uno de sus viajes al D.F. en busca de oportunidades dentro del mundo artístico.

te. Un día Alberto estaba parado por ahí, se me acercó, empezamos a platicar y a partir de ese día nos hicimos amigos. Alberto vestía como modelo: traje, camisas, zapatos, gazné, mancuernillas, con una boinita española que se usaba en ese tiempo. Bien vestido. No tenía dinero y siempre ha sido listo y movido, siempre fue cabeza, nos jaló a todos; y desde que lo conocí, dependí de él. Cuando no tenía qué comer, buscaba a Alberto, aunque él también era joven, me decía: 'vente vamos a comer'. Me llevaba a comer, me alivianaba y conseguía dónde dormir.

Él era sano, como ahora, no fumaba, no tomaba. Un día llegaron por mí mis padres y tuve que regresar a casa. Me pusieron a estudiar y dejé de ver a Alberto. Pasaron muchos años. No pensé que volvería a encontrarlo, y mucho menos que llegara a ser famoso."

Al hablar de aquella época cuando deambulaba por la Zona Rosa, Alberto recuerda que sintió cerca la muerte:

Un día andaba allá por la Zona Rosa con una camisetita en tiempo de frío, y sentí escalofríos, al grado de que a las cuatro o cinco horas estaba hirviendo en calentura. Un amigo me llevó ahí donde el Chips. En esa época, el 67, había una norteamericana gordita que cantaba en el Chips. Esta señora me preguntó algo, me tocó la frente y dijo "este niño está enfermo". Tenía no sé cuánto de temperatura. La señora me preparó algo de beber y la cosa es que para la noche yo estaba en su casa: me atendió y Dios la bendiga. Sentía que me moría sin saber lo que me movía a vivir, porque fue la primera y única vez en mi vida que me dio una fiebre tan alta. Ahora lo tengo bien claro, después me acordé de esa temperatura por el pintor Joan Miró. Yo veía unos campos de trigo inmensos preciosos, que eran color sepia, divinos. Luego el campo venía y se iba lejos y se acercaba, se acercaba más y más. Otra vez se iba. Al rato veía unos trigos grandísimos y figuras sin formas, cuerpos sin forma que a veces podrían ser pinturas de Miró. No me gustaron, porque las vi en estado de delirio. Ese hombre así pintó, delirando. Lo supe en ese momento, o después, cuando me acordé de la temperatura y que pude haber muerto. Me pude haber muerto, pero no me dio miedo. A veces la muerte no te da tiempo de tener miedo. Era muy joven, tenía cosas que hacer, pude haber muerto y me faltaba saber cómo y por qué y para qué vivía, esto sí me preocupó. Seguro no quería morir. Ni antes ni después de esta vez tuve calenturas tan graves, las recordaría. No sabía que la gente se acuerda bien de las temperaturas que tuvo, yo de aquélla nunca me voy a olvidar.

En los viajes que hace a México en busca de oportunidades, Alberto cuenta con el apoyo de sus amigos. La primera vez, Esperanza Mc Culley lo ayudó. Le compró ropa, maleta y pasaje, y pidió a Dios que lo ayudara en el camino. Al llegar a la ciudad de México, Alberto recorrió casas grabadoras de discos, pero sin fortuna. Se le acabó el dinero y logró vender la ropa y el veliz para mantenerse unos días más, pero no tuvo más remedio que regresar a Juárez donde ¡por fortuna! debutó en el Malibú de Roberto Sapién, con un sueldo de veinte dólares diarios. Después del show en el Malibú, hacía otro en el Boom-Boom a las dos de la mañana. Vivió en unos apartamentos amueblados que se ubicaban atrás del Hotel Ritz. En una ocasión, un promotor de la CBS lo vio actuar, le habló, discutió y lo convenció de que siguiera en el intento sin rendirse. "¡Estás joven! No la amueles, ¿cómo que te diste por vencido?". Las palabras del representante de la CBS lo aguijonearon y lo convencieron de regresar al D.F. Con unos cuantos dólares que reunió gracias al apoyo de Daniel, Meche y Esperanza Mc Culley, viajó de nuevo a la capital. Sin embargo, su intento en la CBS representó para él una nueva frustración: ahí le informaron que ya tenían muchos baladistas y que de nada le servía la recomendación y el entusiasmo que traía. Decepcionado, se dedicó a deambular en la vida nocturna de la ciudad, a hacer amigos.

Fue entonces cuando un día, caminando por la Avenida Juárez, se encontró con un señor a quien ya conocía desde Ciudad Juárez: Daniel Díaz Villalobos, profesor, quien vivía en Tijuana y acostumbraba visitar a una tía de Alberto cuando este último tendría unos doce años de edad.

Alberto reconoció a Daniel Díaz. Daniel se acordó de él y Alberto le platicó lo que pensaba hacer con sus canciones, le habló de sus planes para convertirse en artista y de lo difícil que la estaba pasando, al grado de que a veces no tenía para comer. Daniel lo invitó a cenar. Le ofreció ir a Tijuana, donde podía ayudarlo a conseguir trabajo; también le ofreció los medios para trasladarse hasta allá. Alberto aceptó la invitación y al llegar a Tijuana, Daniel lo puso en contacto con el director del grupo musical Nota 5. Lo contrataron como solista para trabajar sábados y domingos, por veinticinco dólares diarios.

Así se inició una nueva etapa en la vida de Alberto. Su necesidad por aprender, que le nace de las entrañas, lo lleva a devorar la información que le importa. Aprendió sobre músicos "que la hicieron", sobre innovadores musicales importantes de la frontera del país, los de revuelo, sobre el "Tex Mex". En corto tiempo, Daniel Díaz se convirtió en tutor de Alberto. Le proporcionaba libros y entablaba con él largas conversaciones sobre la música. Transcurrieron así tres meses, hasta que Alberto recibió un aviso de que su mamá estaba enferma y que debía regresar a Juárez de inmediato. Dejó de ver a su profesor durante un tiempo. En 1971, Daniel vio una foto de Alberto en un periódico y se enteró del inicio de su carrera profesional, ya como Juan Gabriel. Lo buscó y continuó la amistad entre los dos. Con frecuencia Alberto le pide a Daniel que lo acompañe en sus giras, espectáculos o conciertos importantes.

En México, aparte de Lecumberri, estaba más suave la cosa. Allá sí era más peligroso, porque yo estaba dentro de lo que era la vida nocturna, las noches, llenas de cigarrillos, de alcohol, de prostitución. Amigos que le hacían a las drogas: mariguana, pastillas, ésas que llaman "pinguas".

En esa época con toda la paciencia del mundo yo le cambiaba a mi amigo Daniel Mijares el relleno de las cápsulas que él tomaba para sentirse cruzado; le ponía el relleno de cápsulas de vitamina B12. Antes me informé, con una amiga que trabajaba en una farmacia qué vitaminas serían buenas para una persona que no comía bien; escogí después las que se parecían a las cápsulas que él tomaba.

Para triunfar anduve desde pequeño por esos lares de las noches de Ciudad Juárez. Andaba por Tijuana, por todas partes. Cuando llegué a la ciudad de México, todo era más grande, había más oportunidades para echarse a perder; también para triunfar. Anduve en todo lo que imagine la gente.

A mí me gustó siempre escuchar todo tipo de música, a todos los cantantes. Tenía mis favoritos. A los dieciséis años eran Enrique Guzmán, Marisol, Rocío Durcal, Joselito, Mona Bell. Pero me fascinaba, me encantaba Lola Beltrán. Me extasiaba, me descansaba el corazón cuando escuchaba María la bandida *con ese vozarrón. Y veía la película* María la bandida *cada vez que se presentaba sólo por el momento en que aparecía Lola Beltrán cantando. Lo mismo Amalia Mendoza. Siempre la escucho. Es un desahogo; cuando la escuchaba me acordaba de Michoacán, de mi*

Para triunfar anduve desde pequeño por esos lares de las noches de Ciudad Juárez. Andaba por Tijuana, por todas partes. Cuando llegué a la ciudad de México, todo era más grande, había más oportunidades para echarse a perder; también para triunfar.

familia. Amalia tiene ese sentir, la manera de expresar el sentimiento de esa tierra preciosa. Tiene el orgullo de ser de ahí, y yo he aprendido con el tiempo a sentirme orgulloso de haber nacido en Michoacán. Ahora, cuando la oigo, me acuerdo también de mis noches de Ciudad Juárez con mis amigos; siempre terminábamos escuchando a Amalia. No creo que exista un mexicano que tenga oídos al que no le guste y le llene Amalia Mendoza. Y Lucha Villa, que siempre ha sido una mujer franca. Creo que hubo una época en que todo mexicano quería estar con Lucha Villa. ¿Quién no quería conocer a Lucha Villa? Yo tuve la suerte por esos años 1968-1969, de verla cantar Amanecí en tus brazos *en el Teatro Blanquita. Sentada en la orilla del escenario, se quitaba los zapatos y todo el mundo, en vez de aplaudir aullaba, y el teatro se estremecía. Entré hasta su camerino en el momento en que le hacían una entrevista:*

—Pásale m'hijo.

Fue tanta mi emoción, que no sabía qué decirle, y por fin:

—Señora, fíjese que yo vengo de Chihuahua y traigo unas canciones que me gustaría que escuchara.

Me dijo que la esperara, y mientras tanto, me mandó a comer con su secretaria "La churumbela".

Volví y me dijo:

—Mira, hijito, estás muy chiquito para que andes aquí, tan jovencito. Toma este dinero y vuelve para Chihuahua.

Andaba yo para arriba y para abajo, quería que grabaran mis canciones.

Cuando Lola Beltrán trabajaba en El Quid, me hice amigo de Nereo, su secretario que en paz descanse, y le pedí hablar con ella. Planeamos que la saludaría al salir de su casa rumbo a El Quid. Cuando la vi salir de la casa donde se cambiaba, esa paloma blanca preciosa, con un vestido blanco, guapísima y con aque-

lla estatura divina y ese porte sensacional que aún conserva, no hallaba qué decirle:

—Señora, mire, es que yo tengo canciones y quisiera que las escuchara, yo no soy de aquí... Todas esas cosas que dice un muchacho.

Y a Lola se le hizo muy fácil:

—Nereo, ¿cuánto traes ahí de dinero?, dáselo y que me espere cuando yo salga, mientras, que vaya a comer.

¡Divina! No sabía ni cómo decir las cosas, ahora me es muy fácil, pero en ese tiempo sabrá Dios qué gesticulaciones haría, qué miradas ponía, cómo me vería la gente. Estas señoras de la canción, preciosidades hermosísimas, luego luego querían darme de comer porque también andaba flaco, pero no porque tuviera hambre, sino porque caminaba mucho. Andaba mucho, eran tiempos de andar y caminar. Cuando comencé a cantar en la RCA llegué tarde muchas veces porque no tenía coche, ni dinero para taxi. Siempre caminé, siempre tuve que caminar. Cuando me aprendí lo de los autobuses, de todas maneras tenía que caminar para tomar un autobús, y no me iban a dejar enfrente de donde yo iba, ¿verdad? Tenía que seguir caminando cuadras y cuadras. Lo mío fue caminar

Cuando la vi salir de la casa donde se cambiaba, esa paloma blanca preciosa, con un vestido blanco, guapísima y con aquella estatura divina y ese porte sensacional que aún conserva, no hallaba qué decirle.

Me veo escribir canciones a los doce y trece años, por la necesidad que tenía de expresar lo que sentía, lo que vivía. No imaginaba que podía ser artista para salir de pobre, y mucho menos ser artista y cobrar por ello.

Una de las primeras actuaciones de Juan Gabriel en Mercado de Discos.

$\mathcal{E}$n 1969, la dirección artística de la RCA estaba a cargo del maestro Rubén Fuentes. Raúl del Valle era el administrador de ese departamento, y Enrique Okamura manejaba el elenco de la nueva ola. Yo asistía a don Rubén en el manejo de varios artistas. Tenía mi propio elenco y además era arreglista de planta y director de orquesta en la RCA.

Para mí la RCA era en ese entonces la catedral de la industria disquera y mi universidad en lo que a mi vida profesional se refiere. Ahí aprendí a tener respeto por la gente que quiere componer o cantar, pero antes de llegar a ocupar esa posición yo había recorrido un largo camino en el mundo de la música. Trabajé en carpas, bares, cabarets, teatros, salones de baile, musicalizando películas y en estudios de grabación. Para mi fortuna nací en una familia de músicos. Mi madre fue segunda tiple y después coreógrafa. Mi padre fue un excelente trombonista. Se puede decir que fue el primer trombón de lo que se conoce como la época de oro del cine nacional. Ellos se conocieron en Bellas Artes, durante las temporadas que presentaba Roberto "el Panzón" Soto, al final de los treintas, por lo que me crió en ese ambiente. Crecí con la música en las venas.

En una ocasión, me encontraba en la disquera tocando el piano para una grabación que dirigía Enrique Okamura, cuando éste llegó al estudio y me pidió hacerle una prueba a un muchacho que venía con él. Era delgado, moreno y sencillo en su forma de vestir y en su trato.

—¿Qué te gustaría cantar?

—*Nómbreme usted algunas piezas.*

Escogió *Escándalo*, de Rubén Fuentes, un éxito con Marco Antonio Muñiz.

Recuerdo el tono: mi menor. Antes de grabar la prueba ensayamos. Enrique le dio instrucciones de cómo pararse ante el micrófono.

Realizamos la grabación. Enrique Okamura dirigía desde la cabina. Al finalizar la grabación, Okamura se dirigió hasta el piano e intercambiamos opiniones. Alberto escuchaba atento. Notamos que el muchacho cantaba, que le echaba muchas ganas y mucho sentimiento. Le hice la observacion de un "ceceo" que tenía muy marcado. Le sugerí tomar clases de canto y dicción para eliminarlo. Se me quedó mirando; seguro que pensó "no

Alberto con Enrique Okamura, su primer director artístico.

tengo ni para comer y este maestro me manda a tomar clases".

Okamura y yo acordamos ponerlo a hacer coros para que ganara algún dinero mientras decidíamos qué hacer con él, porque sentimos que tenía "algo" pero estaba "verdezón", como decíamos en el medio.

Así comenzó Alberto a hacer coros en las grabaciones. La primera fue *Cuando me enamoro*, un gran éxito de Angélica María; siguió con Estela Núñez y Roberto Jordán, figuras de esa época que manejaba Okamura, y con otros artistas más. Hasta ese momento, ni Enrique ni yo sabíamos que aquel chavo componía.

En una plática reciente con Alberto sobre este episodio, le pregunté por qué no hizo la prueba con alguna de sus canciones. Me contestó que le parecía que sus canciones eran desconocidas y muy sencillas para desaprovechar la oportunidad que se le brindaba. Según él, querer pasar la doble prueba, como compositor y como cantante, hubiera implicado un doble riesgo. Optó por cantar lo de otros autores. Me comentó que considera un hecho de buena suerte el que yo le acompañara al piano en su primer encuentro con un estudio de grabación.

Una mañana temprano, cuando llegaba en coche a la RCA por la Avenida Cuitláhuac, vi a Alberto, que caminaba en sentido contrario, del otro lado del camellón. Su andar era lento, con las manos metidas en los bolsillos de su pantalón de pana café; vestía también un suéter amarillo. Iba con la cabeza baja pateando piedritas, en actitud de derrota. Pensé: "de seguro este chavo ni siquiera ha desayunado". Ya no lo volví a ver hasta cerca de un año y medio después.

Me cuenta Daniel Mijares que antes de empezar a trabajar en la RCA, Alberto hizo tres viajes a la capital para buscar "quiénes" le hicieran caso; regresó triste y desconsolado. Estuvo un corto tiempo en Tijuana. Regresó a Juárez. Así andaba, de aquí para allá en busca de su oportunidad, de su caja de Pandora, su punta de lanza, el despegue, la fortuna de los elegidos que parece que nunca llega. Anduvo en Juárez más de un año, batallando, desvelándose y sin posibilidad de hacer lo que él quería, y además con el rechazo de su familia. No se veían posibilidades de que pudiera seguir adelante. Era pobre, apenas tenía para pagar la renta y mal comer. Un día, volvió a agarrar rumbo a México, pero con tan mala suerte que fue a dar a la cárcel. Era en la época en que ya estaba grabando en la RCA, haciendo coros.

Y continúa Daniel Mijares:

"El primer disco me lo regaló a mí, Mary es mi amor. Fue entonces cuando cayó en la cárcel y se traumó completamente. Fue uno de los golpes más rudos de su vida. Sucedió a mediados de 1969. Trabajaba de mesero en un bar por el rumbo de San Cosme, aparte de cantar en los coros, que no era un trabajo fijo. Se ocupó en diversas actividades para mantenerse en el Distrito Federal, y como siempre, hizo amistades".

El triste episodio de Lecumberri lo relata el propio Alberto:

El siniestro "Palacio Negro" de Lecumberri, hoy transformado en el Archivo General de la Nación.

Fui a buscar trabajo de cantante al night-club *Círculo 33, de la Avenida Juárez, en el D.F. Ahí conocí a un cuate de Chihuahua que tocaba en el grupo que amenizaba el lugar. Llegó una chava que mostró cierta simpatía hacia mí; se puso a platicar con mi amigo y después nos invitó a los dos a una fiesta en su casa. En un principio pensé en rehusarme por estar muy cansado, pero ante su insistencia y no queriendo pasar por sangrón terminé por aceptar y nos fuimos. Al llegar a la fiesta, me pidieron que cantara y así lo hice. Más tarde llegaron algunos amigos de la dueña de la casa y le pedí permiso para dormir un rato en la recámara. Ya no supe qué pasó después; de repente me despertó a patadas un judicial preguntando por mis amigos, acusándome de robar cosas de esa casa.*

"Alberto no entendía nada de lo que pasaba. La dueña lo acusaba a gritos; se lo llevaron a los separos y le levantaron un acta. Pasó un tiempo y luego se supo que el judicial que lo llevó a patadas era amante de aquella mujer. Supongo que fue una historia inventada por ella para disimular ante su galán la pachanga con sus cuates. Temió despertar los celos del 'chango' ése con placa de autoridad. Fue su truco, hacerse la víctima, y con esto amolaron a Alberto."

Esto lo comenta Daniel Mijares, quien prosigue:

"Cuando me avisó, yo trabajaba en El Paso. En los separos le permitieron hacer una llamada a la señora Esperanza Mc Culley, que también estaba en El Paso; le informó que lo habían detenido y que si en setenta y dos horas no pagaba la fianza de cinco mil pesos lo mandarían a Lecumberri. Esperanza me avisó, consiguió el dinero y me facilitó el boleto del viaje. Salí a México y ya no regresé a Juárez hasta un año después. Perdí mucho tiempo en arreglar lo del dinero y llegué tarde; Alberto ya no estaba en los separos, lo tenían en Lecumberri. Es uno de los golpes más frustrantes que yo he tenido en mi vida, por el aprecio que le tengo a Alberto. Como nunca tuve hermanos, lo veía como un hermano, tan chavalo, desvalido y, al mismo tiempo, tan fuerte, dándome consejos siendo aún jovencito. Él me hizo cambiar, aunque yo soy mayor que él. Total que los cinco mil pesos no sirvieron. Para entonces ya eran diez mil los que se necesitaban, quién sabe por qué. Estaba también el asombro de que nadie creyó su historia de la fiesta en casa de esa mujer, del cansancio, su dormida a media fiesta y la aparición del judicial. Tampoco había abogado para defenderlo, y la verdad yo como defensa no le servía para nada. Lo único que quedaba era salvarse con dinero, como siempre ocurre en este país.

Todos los días iba de visita a Lecumberri; tenía un pase especial. Un día fui y él me dijo:

—*Estoy contento, mira todo lo que me dio un señor por una canción que le vendí.*

Y me enseñó el dinero.

—*Toma, llévatelo para que tengas para pasártela y para que juntes para ver si completamos lo del licenciado.*

—Oye, Alberto, es muy poco dinero por una canción.

—*Pero necesitamos dinero. Tenemos que sacar dinero a como dé lugar.*

También estaba detenido don Heberto Núñez, un contador, que se hizo amigo de Alberto. Se portó bien con él, lo protegió. Como si fuera su custodio. En una ocasión se supo que cambiarían a Alberto de una crujía 'muy gruesa', a otra 'gruesísima'. Heberto y sus esposa pagaron una mordida para que no lo trasladaran ahí. Siempre estaba la amenaza del cambio, un pasito al infierno, a donde amanecían muertos por crímenes entre pandillas de mafiosos que manejan la droga y el alcohol entre los reclusos. Ése era mi temor y el de Alberto.

—*Me tienes que sacar de aquí porque me van a matar,* me dijo un día.

Pasó días y noches de encierro, sufriendo por no poder llevar adelante sus intenciones con su trabajo. Sufrió como todo preso inocente, que no atina a protegerse, que la impotencia lo apresa. Las noches eran un infierno, y los amaneceres representaban la posibilidad de que se asomara el milagro de la libertad.

Admiro a Heberto Núñez, que por afecto salvó a Alberto del cambio de crujía; sólo los que han vivido ahí pueden entender el significado de estar en la cárcel.

La Prieta Linda y otros artistas iban los domingos a dar shows ahí a la cárcel; ahí fue cuando la conoció Alberto, como a otros artistas que gratuitamente daban un rato de compañía y fiesta a los presos".

Daniel Mijares cuenta esta parte de la vida de Juan Gabriel con angustia, con los ojos fijos en un punto que traspasa las paredes del cuarto donde platicamos. Creo que su mirada se alarga hasta Lecumberri, el Palacio Negro que abriga en su historia la de cientos de hombres, de vidas cortadas, mutiladas. Sus pocas palabras y sus prolongados silencios me dicen que le falta lenguaje para repasar lo que vio en esa cárcel al recorrer los largos pasillos de paredes altísimas, con garitas de vigilancia y policías por todas partes. Luego se atraviesan más pasillos y se entra al pastel en forma de espiral, en donde hay rejas tan altas como las paredes, y tras ellas los penados, con cara de quién sabe qué rencores: "dame un peso, o de perdida un cigarrito"; y si no tienes, "pásame a tu hermana".

Fui a Lecumberri a conocer el lugar en el que Alberto pasó un año y tres meses. Pensé, ¿soportaría esto? De las rejas situadas en la parte superior de esos paredones altísimos, con ventanitas de ochenta centímetros por treinta, bajaban bolsitas de plástico amarradas con un hilo. Los presos de ese tercer piso las manejaban con cuidado, y cuando sentían que su bolsa tocaba el piso, empezaban a gritar "No sean cabrones, pasen una poquita de luz a este foco oscuro" o "dame un poquito de luz para que tus santos te protejan de estar en mi lugar". Risas, carcajadas. "Guillermo, a la reja con tu vieja", "Emiliano te buscan en tu cobacha".

Hago un esfuerzo para imaginar a Daniel Mijares, débil y tímido, cruzar ese mundo de seres aparte que no tienen otra que aguantar estar en celdas de dos metros de ancho por tres y medio de largo, con el inodoro al fondo, y dormir en la litera de cemento para dos presos, pegada a la puerta. El pleito por quién se queda con la cama de abajo. Mijares debió concentrarse y no escuchar los "piropos" de quién sabe quién: "Papito, dame un besito o lo que quieras, pero dame un dedito...". Debió de hacer un esfuerzo inmenso para pensar sólo en su amigo prisionero. Cuando escuchó que a uno "lo navajearon", y que otro cantaba; cuando las rejas de las crujías se abrían y las esposas, amantes, madres, abrazaban con ruidos queditos a los suyos, se topó con Alberto cerca de sus propias rejas, y entonces debió bajar la cabeza para medio llorar, porque no quería debilitarlo.

En cuanto a Alberto, admiro más al chaval que, contra todo, pudo salir sano de ese infierno del que pocos salen con su integridad a salvo.

Mijares mencionó que varios artistas visitaban el Palacio Negro de Lecumberri para llevarles entretenimiento a los presos. Pues bien, para fortuna

Admiro más al chaval que, contra todo, pudo salir sano de ese infierno del que pocos salen con su integridad a salvo.

de Juan Gabriel una de esas cantantes fue precisamente la señora Queta Jiménez, la Prieta
Linda, quien lo ayudó a salir por
su amistad con el general Puentes Vargas y su esposa, los que
consiguieron los favores de un
juez para que se revisara el expe-
diente y Alberto pudiera ser libe-
rado.

Al salir de Lecumberri, Alberto fue a Juárez y se recuperó en
casa de Mijares. También fue a
ver a su familia. Ellos no supie-
ron que él había estado en la cárcel, nunca quiso que lo supieran.
Desde la cárcel, a través de Daniel Mijares, mandaba cartas
muy emotivas a su mamá, diciendo que le iba de maravilla,
que en las disqueras había conocido a grandes figuras como Lu-

La familia de Alberto no
supo que él había estado
en la cárcel, nunca quiso
que lo supieran.

cha Villa, Lola Beltrán, la Prieta Linda, Amalia
Mendoza, la Tariácuri, a José Alfredo Jiménez, etcétera,
etcétera; que estaba feliz. Así le escribió un montonal de
mentiras piadosas. Tal vez eso fue bueno, porque si su
familia llega a saber que estaba en la cárcel, hubieran dicho que por vago, malviviente, por juntarse con malas
compañías. Permaneció dos meses en Juárez y volvió al
Distrito Federal, porque la Prieta Linda lo ayudaría a grabar sus canciones en la RCA.

Alberto pasó un año tres meses en Lecumberri. Al
comentar este episodio de su vida, en marzo de 1995,
volvió a sorprenderme, pues dijo:

*A uno le gusta la libertad, y cuando te meten a la
cárcel te dan la llave de la sabiduría, porque ahí uno*

está solo con uno mismo ante la realidad de deveras, y
si así lo quieres, te fortaleces; si así lo tomas, te salvas
porque te conoces mejor, porque conoces tus debilida-
des y tu fortaleza.

*A uno le gusta la
libertad, y cuando te
meten a la cárcel te
dan la llave de la
sabiduría...*

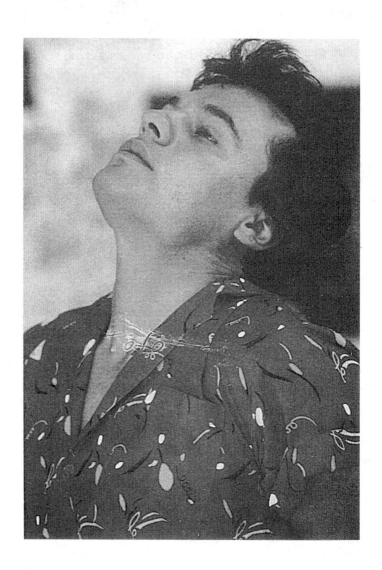

Para fortuna de Juan
Gabriel una de las
cantantes que visitaban
Lecumberri fue precisa-
mente la señora Queta
Jiménez, la Prieta Linda,
quien lo ayudó a salir.
Aquí con ella en la foto.

*E*nriqueta Jiménez, nuestra Queta Jiménez, La Prieta Linda, una de las mejores intérpretes de la canción mexicana, fue el hada madrina de Alberto. No sólo influyó para que saliera de Lecumberri, también le grabó una canción en la RCA, antes de que fuera puesto en libertad. La canción se titula *Noche a noche*. Así ganó un lugar en el corazón de Alberto. Ella me relató:

"Me lo presentó el director del penal, que era pariente político mío, se llamaba general Andrés Puentes Vargas. Se distinguió por su caballerosidad y se preocupó por Alberto.

—Queta, me interesa mucho que conozca a alguien.

Yo me presentaba a cantarle a los internos con frecuencia, como muchos artistas lo hacían. El general me acompañó por los pasillos tétricos y terribles de la cárcel. Me daban ganas de llorar por las cosas desagradables y a veces desgarradoras que vi. Cuando llegamos al cuartito del interno que me quería presentar, vi que estaba ahí un muchachito, quedé impactada. Así conocí a Alberto. Supe que tenía diecinueve años. Me quedé con la secretaria que me ayudaba a cambiar la ropa para mi participación en la

"Era impresionante ver cómo un muchachito tan sensible e inteligente era tratado injustamente."

cantada y me puse a platicar con él. El general se fue a atender otros asuntos. Él me dijo:

—Siéntese aquí, mire..., quiero que sepa que usted es mi ídolo, que la he oído cantar y me gusta mucho su forma de decir las cosas, y por eso le pedí al general que me hiciera favor de presentarme con usted y mostrarle mis canciones.

Me emocionó mucho y me quedé con él largo rato. Eran como las cuatro de la tarde, y salí cuando ya no había luz. Era impresionante ver cómo un muchachito tan sensible e inteligente era tratado injustamente, teniéndolo ahí sin la defensa de un abogado. Me platicó por qué llegó ahí y me pareció peor por una calumnia. Por lo menos debía estar en un lugar para jovencitos. Debe haber muchos casos así. Me fui impresionada por él. Hablé con la esposa del general.

—Oye, pero cómo es posible que tengan ahí a un muchachito tan joven, y sobre todo apresado en forma tan injusta. Te suplico que veas su caso y hables con tu marido.

—Va a ver, voy a hablar con Andrés, voy a ver qué pasó y por qué pasó.

Era una mujer decidida, con mucho carácter. Se dedicó a ver el asunto de Alberto. Lo visitó y tomó la defensa de él como propia. Lo seguí visitando y grabamos sus canciones en cassettes. Tengo la enorme satisfacción de ser quien le grabó por primera vez una canción, *Noche a noche*, en RCA. La grabé cuando estaba interno. Su nombre apareció en un disco como Alberto Aguilera. Antes pensamos cómo pondríamos su crédito de autor en el disco, si poníamos el nombre de pila, Adán Luna u otro nombre. Él quería Adán Luna porque le gustaba mucho. Al final nos decidimos por su nombre verdadero. Un día la esposa del general habló y me dijo:

—Queta, le tengo una sorpresa: vamos a sacar a Alberto. Necesito un familiar que se haga cargo de él.

Yo tenía tres hijas chicas y poco espacio, entonces dijo:

—Se va a vivir a mi casa.

Antes del lanzamiento de mi disco, Alberto salió y fue a vivir con la familia Puentes Vargas, que vivía por Echegaray. Fue a visitarme y me dio un abrazo diciéndome:

—*Soy el ser más feliz del universo. La quiero mucho y vengo a traerle mi música.*

Nos pasamos un gran rato oyendo canciones.

Creo que se fue a Ciudad Juárez, y cuando regresó a la casa del general, éste lo conectó con otros artistas.

Yo hablé con Raúl del Valle, que entonces era gerente del departamento artístico de la RCA, donde yo grababa, gran amigo mío. Le pedí una cita para presentarle a un artista extraordinario. Raúl no dudó en darme la cita. Así fue como lo llevé a la RCA".

Raúl del Valle creyó desde siempre en Alberto. Le ayudó a abrirse paso en los inicios de su carrera artística —tanto en discos como en presentaciones personales—. Alberto lo recuerda con cariño y gratitud. Yo volví a ver a Alberto dos años después, cuando yo ocupaba la gerencia creativa de la RCA. Tenía bajo mi responsabilidad los departamentos: artístico, de promoción y publicidad, y otros vitales para la empresa. Enrique Okamura seguía siendo el director artístico de la nueva ola.

Aparte de ser compañeros de trabajo, a Enrique Okamura y a mí siempre nos ha unido una gran amistad y confianza. Un día entró a mi oficina y me dijo:

—Oye, Eduardo, ¿te acuerdas de aquel chavalo, ese muchachón que hizo una prueba contigo, al que pusimos a hacer coros, y se nos desapareció? Pues se fue al bote, mano. Ahí luego te cuento, es una historia muy larga. Pero trae unas canciones compuestas por él mismo. ¡Comercialísimas! ¡Superarchirrecontracomercialísimas!

Confiando en el tino y buen ojo de Okamura, le dije:

—Pues vamos firmando un contrato, ahorita...

Cuando cantó, vimos que ya tenía alguna experiencia; se había presentado en algunos centros nocturnos de Ciudad Juárez.

Más que nervioso, en ese momento estaba muy atento a todo lo que ocurría a su alrededor.

Esta escena marca el inicio de una amistad entre Alberto, Enrique Okamura y yo. Alberto nos vio preocupados, pero vale la pena señalar que nunca nos adornamos diciendo que siempre supimos que Alberto iba a triunfar. Eso nadie se lo pudo imaginar en ese momento. Se programó su primera grabación para el 4 de agosto de 1971. Su director artístico fue Enrique Okamura; Chucho Ferrer su arreglista y director de orquesta; sus coros, Los Hermanos Zavala. Para su primera sesión de grabación se programaron cuatro canciones; Enrique las escogió: *No tengo dinero*, *En el mundo ya no hay paz*, *Tres claveles y un rosal* y *Como amigos*, de donde se escogerían dos para integrar el primer disco sencillo de 45 RPM, para venta, y de ahí se elegiría el número para promocionarse en radio y televisión. En la compañía nos decidimos por *No tengo dinero*, que desde que salió fue muy bien recibida por los medios, y se convirtió en un "trancazo". Para el estreno, Alberto se bautizó como Juan Gabriel. Okamura cuenta que el nombre lo escogió Alberto: Juan por Juanito, su amigo y maestro de la infancia, y Gabriel, por su padre. Así nació a la industria disquera Juan Gabriel.

Okamura lo recuerda con su ropa de piel negra, más serio, más adulto, como que había experimentado algo que lo desgarró por dentro, aunque los raspones de su

---

NO TENGO DINERO

(Fragmento)

Voy por la calle de la mano
platicando con mi amor
y voy recordando cosas serias
que me pueden suceder,
pues ya me pregunta
que hasta cuándo nos
iremos a casar,
y yo le contesto que soy pobre,
que me tiene que esperar.

No tengo dinero ni nada
que dar
lo único que tengo es
amor para amar;
si así tú me quieres te
puedo querer
pero si no puedes ni modo
qué hacer.

alma ya habían cicatrizado. Así también me pareció a mí cuando lo vi en el estudio de grabación.

Alberto le explicó a Okamura que tenía más de cien canciones, y todas muy buenas. Okamura dudó. Lo vio y lo vio bien. Por eso le cayó como le cayó y apreció su valía. Un chavalazo decidido a "llegar", atrevido, y ¡qué bien!, porque no sólo quería grabar, también sabía elegir al cantante adecuado para grabar sus canciones.

—*Mire, señor Okamura, me gustaría que esta canción me la grabara tal cantante, y esta otra, que la cantara fulano de tal...*

Me despedí de él con la aclaración de que viniera hasta que lo llamáramos, y me dediqué a estudiar la grabación. Al día siguiente estaba ahí, y al otro día también. Pasaba las horas en espera, conversaba con todos, técnicos, asistentes, choferes, oficinistas, músicos y, de pronto, con cantantes y luminarias, como si todos supieran de su prueba. No se quedaba sentado, estaba ávido de saber qué pasaría con su grabación. Un buen día me lo encontré ahí en uno de los estudios, "ya" en comerciales.

Resultó tal como lo pidió desde un principio: "Juan Gabriel quiere que tal artista grabe ésta, y que tal otro grabe la que acaba de escribir..."

Había soñado que los grandes le estrenaran o interpretaran. Sí, eso estaba bien, pero "Tú también debes arriesgarte, ser cantante y tu propio intérprete."

De ahí se fue a celebrar el rito de iniciación...

Las compañías grabadoras de discos generalmente tienen una editorial de música. Si la obra de un autor llega, interesa, la editora la contrata. En el caso de can-

Fragmento de la partitura original de *No tengo dinero*, con arreglos de Chucho Ferrer.

tautor, el contrato es doble; la grabadora lo contrata como intérprete, y la editora hace el convenio como autor. Tal fue el caso de Alberto Aguilera Valadez, Juan Gabriel, que en 1971 firma con RCA como cantante, y con RCA editora, denominada EDIM, editora de música, como autor. Alfredo Gil Jr. era el responsable de esta empresa. Él narra:

"Cuando Alberto llegó a la editora era ese muchacho serio que sabía cómo caer bien, que sorprendía, que tenía talento cantando en los coros, que era oportuno hasta cuando ofrecía con humildad sus canciones. Pasaba horas y horas dentro del estudio, quería aprender y ayudar en lo necesario. Una vez entré a la oficina de Raúl del Valle y estaba el rey de la canción, José Alfredo Jiménez; los dos escuchaban las canciones que Alberto interpretaba acompañado de su guitarra. Al terminar, José Alfredo dijo a Del Valle:

'Me gustaría que a este muchacho le den un trato especial, porque va a llegar muy lejos'.

Conociendo el estilo de José Alfredo, supe que hablaba en serio. Sobre *Se me olvidó otra vez*, José Alfredo dijo que le hubiera gustado componerla. Grabaron durante semanas y meses. Fue un trabajo sin descanso; grabó y grabó, sus canciones las grabaron Yolanda del Río, César Costa, Estrellita, Mónica Igual y muchos artistas más. Alberto llegó a cotizarse alto, y comenzó la arrebatinga por sus obras, como si fueran pan caliente.

Las canciones de Alberto están llenas del sentimiento popular.

Su contacto con la gente del pueblo ha sido de toda su vida.

Cuando comenzó a ser famoso, se disfrazaba para poder abordar el metro, el autobús, o entrar a cantinas y lugares públicos sin ser reconocido, para reconocerse él mismo en las inquietudes de la gente. No dudo que aún lo haga. Me sentía muy contento y satisfecho de trabajar con él. Me preocupaba saber cuánto duraría Alberto en ese lugar. No es frecuente que un artista tenga tanto éxito con su primer disco, y Alberto lo tuvo. El éxito vertiginoso lo podía marear, confundir, y perderse en el río de halagos.

Quedarse ahí, como le sucede a cualquiera que 'se la crea'. Con el tiempo, Alberto se ha convertido en un símbolo, como Manzanero y José Alfredo. Ya tiene un lugar en la historia musical del mundo. Pero le falta mucho por hacer; es joven todavía y su talento sigue produciendo.

Antes de que Alberto grabara su primer disco, la Prieta Linda le grabó *Noche a noche*; Estela Núñez, *Extraño tus ojos* y Roberto Jordán, *No se ha dado cuenta*."

El muchacho componía sin descanso, no pasaban semanas sin que escribiera una canción nueva para tal o cual artista, parecía no cansarse. *No tengo dinero* comenzó a penetrar el mercado, a sonar en la radio y las sinfonolas con frecuencia, luego con mucha frecuencia. Era necesario lanzar un segundo número que mantuviera los resultados al mismo nivel. Apareció entonces *Me he quedado solo*, que fue su segundo éxito.

En noviembre, la RCA envió a Alberto a Venezuela a presentarse en el programa de televisión *Él y ella*, conducido por Mirla Castellanos y Miguel Ángel, en Radio Caracas Televisión. Al momento de hacer los trámites para que Alberto saliera rumbo a Venezuela, supimos que no tenía acta de nacimiento ni pasaporte. Tuve que solicitar ayuda a María de Jesús Rodríguez, representante de artistas y conocida en el medio como "Chucha La Gorda" para conseguir esos documentos. Hasta ese momento, Alberto no existía para la nación, no era ciudadano, no estaba registrado. Juan Gabriel era un fantasma, era nadie; eso ha de pasar con muchos cam-

SE ME OLVIDÓ OTRA VEZ

Probablemente ya de mí te has olvidado, y mientras tanto, yo te seguiré esperando; no me he querido ir para ver si algún día que tú quieras volver, me encuentres todavía.

Por eso aún estoy en el lugar de siempre en la misma ciudad y con la misma gente para que tú al volver no encuentres nada extraño y seas como ayer y nunca más dejarnos.

Probablemente estoy pidiendo demasiado se me olvidaba que ya habíamos terminado que nunca volverás, que nunca me quisiste se me olvidó otra vez que sólo yo te quise.

pesinos y pobres de este país. ¡Ironías! Un señor que triunfaba en radiodifusoras y era del gusto del público y aún no era mexicano.

Finalmente, con todos sus documentos en orden, y hecho un manojo de nervios, abordó su primer vuelo. Su presentación en ese programa de televisión fue la primera que realizó con el nombre de Juan Gabriel, y curiosamente ocurrió en el extranjero.

En febrero de 1972, el notable músico venezolano Aldemaro Romero organizó el Festival Onda Nueva, en Caracas, Venezuela, a donde tuve el honor de ser invitado. La invitación incluía también la participación de un intérprete. En este festival se daban a conocer melodías que entremezclaban ritmos de tres cuartos, tipo joropo, que suenan como bossanova en tres tiempos. Se requerían arreglos para ese estilo de música. Afortunadamente, algunos años antes don Rubén Fuentes me había dado la oportunidad de hacer arreglos de canciones de Armando Manzanero cantadas por él mismo, como *Esta tarde vi llover*, *Adoro*, etc., con lo que gané cierta notoriedad como arreglista en América del Sur, de modo que cuando Romero me hizo la invitación al Festival llevé a Juan Ga-

Como todo artista que comienza desde abajo, Alberto tuvo altas y bajas en su carrera, la cual le representó un enorme esfuerzo.

briel para alternar con Sonia la Única, Mona Bell, Helmunt Zacarías, etc. Aproveché también para continuar promoviendo a Juan Gabriel en Venezuela. A través de la RCA tuvimos entrevistas por radio, notas en prensa y otras promociones. Durante su actuación en aquel Festival, a Alberto le entró algo de pánico escénico. Era su primera actuación en vivo ante un público sofisticado, acompañado por una orquesta de más de cuarenta músicos. Se le olvidó la letra, se escondió detrás de mí y yo no lo encontraba para marcarle las entradas.

Como todo artista que comienza desde abajo, Alberto tuvo altas y bajas en su carrera, la cual le representó un enorme esfuerzo. No todo era miel sobre hojuelas. Tuvo que esforzarse, viajar y estar en muchos lados para darse a conocer.

Antes de consolidarse como estrella tuvo que realizar muchas giras, primero a lo largo y ancho de toda la República Mexicana, y posteriormente en territorio estadounidense. Esas giras del principio constituyeron una de las partes más difíciles de su carrera. Ahí empezaron las notas amarillistas.

Daniel Mijares relata:

Antes de consolidarse como estrella tuvo que realizar muchas giras, primero a lo largo y ancho de toda la República Mexicana, y posteriormente en territorio estadounidense.

"En nuestra época de recorrer la vida de noche de Juárez, el señor Vallejo traía caravanas de artistas por toda la República. No recuerdo el nombre del señor, pero sus caravanas eran famosas. Alberto y yo íbamos a verlos a un cine que se llamaba Edén. Venían hasta tres veces al año. El señor Vallejo traía puras estrellas verdaderas, fulgurantes, fantásticas. Qué más se puede decir: Javier Solís, Lucha Villa, Tongolele, Celia Cruz, Cornelio Reyna, Chelo Silva, las Hermanas Huerta, Lola Beltrán, en fin, el Olimpo de dioses de la canción, al que él quería llegar. Alberto siempre decía:

—*Mira, un día me vas a ver ahí y vas a venir a aplaudirme.*

—A lo mejor me toca ya cuando camine ayudado por un bastón, decía yo.

Alberto comenzó a salir de gira con el señor Vallejo, quien lo contrató. Vale la pena mencionar que Guillermo Vallejo es el más querido y el mejor organizador de giras artísticas que se han dado en México. Llevaba a los artistas de punta a punta de

Chelo Silva, un verdadero prodigio de intérprete.

nuestro país e incluso a los Estados Unidos. El medio artístico lo recuerda con cariño; a su muerte, la viuda, Martha Vallejo, continuó la tarea.

Él era la estrella del momento, lo llevó de gira junto con Cornelio Reyna, Las Hermanas Huerta y Chelo Silva. Nosotros admirábamos a Chelo Silva. Para convencerme de acompañarlo me dijo:

—*Mira, Daniel, vamos para tratar más de cerca a la señora. Tú eres su admirador, para que sepas lo que es una caravana.*

—Pues vamos...

Fuimos en camiones a la gira del Pacífico. El único que iba de lujo y traía su camper era Cornelio Reyna; él sí traía su móvil *home* (casa ambulante). Nosotros dormíamos en hoteles de pueblo, hoteluchos, y en lugares peligrosos. Alberto decía:

—*No creas que todo el tiempo vamos a estar en esos hoteluchos feos con cucarachas.*

Esas giras fueron matadas, de pueblo en pueblo, de ciudad en ciudad. A veces se tenía que trabajar a la intemperie, en plazas, y echar a correr cuando los admiradores y admiradoras se le amontonaban y querían hacerle algo. Salíamos hasta por las ventanas de las bodegas en donde nos metían mientras le tocaba trabajar a él. Así experimentó; aprendió, ensayó, maduró y creció por dentro. Cuando empezó las giras por los Estados Unidos, con más lana, más recursos, con mucha más práctica, conocimientos, fogueo, más nombre y popularidad, por supuesto lo trataban como se merecía. En las giras que hicimos en México fue mucho sufrimiento; el público era a veces ofensivo, se metía mucho con él, le gritaban groserías. Él no hacía caso y seguía con su *show*.

Aun con el éxito, se vio maltratado por el público, que todavía no estaba acostumbrado a su estilo; se había acostumbrado a escucharlo nada más; pero no a verlo actuar en persona.

Cuando grabó su tercer LP llegaron las buenas giras, las de más categoría, en lugares elegantes y con un público diferente, o tal vez era el mismo público, pero ya apreciaba más su arte, su estilo".

Me cuenta Mijares de Chelo Silva, mujer a quien todos los que hemos vivido de la música en el ambiente de la llamada farándula tenemos como un verdadero prodigio de intérprete. Ha sido maestra de maestras en eso de decir las canciones. Con un estilo que por fuerte y característico ha sido imitable pero al mismo tiempo inigualable: Ella, Chelo.

La conocí en Guadalajara en un lugar nombrado a fin de los sesenta como *El manto sagrado*, cuyo verdadero nombre es *El Sarape*. Ahí Chelo impactaba noche a noche a quienes tuvimos la suerte de oírla cantar en persona.

Chelo bebía y eso no es un pero, simplemente venía marcada como tantos grandes con el estigma del alcoholismo. Aun en sus peores momentos fue grande entre las grandes de la canción.

Y su *Imploración* seguro fue pretexto en el cielo para instalar sinfonolas.

Daniel me contó de un episodio que habla de cuando el problema de Chelo era muy avanzado, ejemplo que muestra de manera anecdótica lo tragicómico de la vida de los alcohólicos y que en los artistas se acentúa.

Su primer álbum con mariachi, grabado en 1974, fue un éxito.

No era raro que antes de iniciar la función, la señora estuviera como decimos vulgarmente "¡Hasta atrás!". Aún así, ella cantaba con ese gran sentimiento al que debía su popularidad. Hacía todo lo esencial en un escenario, todo excepto mantenerse de pie y caminar; el problema era que si no salía a escena, no cobraba. Era preciso ayudarla. Alberto y otros compañeros se ocupaban de preparar lo necesario para apoyarla antes de que subiera el telón: colocar el micrófono en el lugar y a la altura deseada, poner cortinas laterales u

A principios de los setentas Alberto tuvo sus primeras incursiones en los centros nocturnos del Distrito Federal.

otras piezas de escenografía, como columnas, ubicadas cerca de ella. Después, llevaban cargada a la cantante hasta el escenario, con cuerdas disimuladas entre la tela de sus vestidos y las cortinas, de modo que le fabricaban un arnés y la amarraban. Se abría el telón, la estupenda intérprete cantaba lo mejor de su repertorio y el público la aclamaba.

En diciembre de 1971 las canciones de Alberto se habían colocado en los primeros lugares de popularidad en Latinoamérica, y al año siguiente su disquera obtuvo un "Disco de oro" por las altas ventas; entonces grabó su segundo álbum.

Por esos mismos años, Alberto tuvo sus primeras incursiones en los centros nocturnos del Distrito Federal. Se presentó en el Versalles, del desaparecido Hotel Del Prado, con la orquesta de Cuco Valtierra hijo; también en el Terraza Casino, ahora inexistente, donde compartía escena con Estela Núñez. El maestro de ceremonias en esa temporada era Mauricio Garcés.

Algo que también llama la atención en la carrera de Alberto es su participación en el primer festival OTI, en 1972. En aquel evento los jueces lo descalificaron a las primeras de cambio; sin embargo, expertos como Guillermo Acosta pronosticaron que las únicas canciones que se venderían bien y trascenderían eran las de Juan Gabriel. Tenían razón, las dos canciones Uno dos y tres y me das un beso y Será mañana fueron las únicas canciones del festival que "pegaron".

Las cosas evolucionaron con rapidez. Al comenzar las giras en los Estados Unidos, ya tenía más nombre y era un poco famoso por allá. Había grabado su tercer LP. Sus temporadas en el teatro Million Dollar de Los Ángeles se alargaban por varias semanas. Si bien le costó trabajo imponer su estilo y personalidad ante públicos diversos y difíciles, al cabo de dos o tres años de giras constantes, todos se le entregaron.

Daniel Mijares dice que en los meses siguientes a la grabación de su primer disco, en 1971, alquiló un departamento en el edificio Michoacán de la Unidad Tlatelolco. Éste fue el primer lugar propio que tuvo para vivir, pues lo compró después para su mamá, pero ella no quería vivir en México, no le gustaba. Nunca se acostumbró ya que padecía de la presión arterial y la altura de la ciudad de México no le hacía bien. Las cortas temporadas que pasaba en México se hospedaba en el edificio Michoacán, en Tlatelolco.

Cuenta Mijares: "Posteriormente, cuando Alberto empezó a triunfar, compró una casa en Tecamachalco. Estaba deshabitada, sin muebles; nos dormíamos en la alfombra. Compramos cobijas y unas almohadas y ahí nos dormíamos en la sala. Ya era estrella para entonces. Él vivía como cuando vivió en Juárez. Íbamos al mercado, al super; entre los dos hacíamos la comida y lavábamos la ropa. Amuebló la casa y empezó a hacer reparaciones y modificaciones al regresar de una de sus giras. Mandó construir también su alberca. Él escribía sus canciones. Poco a poco su carrera ascendía, y tenía que recibir a la gente con ciertas incomodidades. Alberto seguía siendo el mismo, y hasta la fecha pienso que es igual. La diferencia es que ahora no pasa hambre ni privaciones, es famoso. Lo conocen acá y en otros países", finalizó Daniel Mijares.

Alberto siempre ha tenido gran aplomo para manejar situaciones difíciles. Una vez, camino al palenque, bajamos del auto a cierta distancia, para llegar a pie. Una multitud expectante y alborotada esperaba a Juan Gabriel, y los hombres encargados de su seguridad se preocuparon por nuestra protección; a María Esther, mi esposa, le sugerí caminar aprisa. Pero Alberto se colocó al frente de nosotros y pidió que dejáramos a María Esther atrás de él y camináramos despacio. Los guardias nos seguían a prudente distancia. Nos acercábamos. Los gritos de la multitud se hacían ensordecedores, parecía que se desatarían descalabros, y que nos había llegado la hora. Juan Gabriel se encaminó hacia la gente, sonrió y saludó como si estuviera entre amigos y familiares. El tumulto que nos había cerrado el paso y forcejeaba para admirarlo de cerca se apartó, y conforme avanzábamos, lo miraban animados, anhelantes, deseosos, ansiosos, curiosos; la boca hecha agua, comiéndolo con los ojos, o incrédulos, como si vieran una aparición. En los ojos de las mujeres había lágrimas, y sus boquitas parecían de corazones. Lloraban y gritaban. Algunas personas estiraban las manos para tocarlo, las más audaces lo lograban. Al tiempo que cruzábamos entre sus admiradores, se hacía un silencio contenido con sensaciones que estallaron en larga ovación. A la entrada del palenque, él se volvió hacia la gente y saludó como cuando bajamos del auto. El asunto no terminó ahí, esa multitud se había quedado afuera del palenque sin boletos. Al enterarse, Juan Gabriel ordenó que se abrieran las puertas para que la gente al menos lo escuchara mejor.

En una ocasión cuando se presentaba ante una numerosa audiencia en el Million Dollar, encabezando un programa, un grupo de fans se subió al escenario pretendiendo besarlo. Una de ellas quiso darle un beso en la boca, a lo que él, molesto, le contestó que ese tipo de besos sólo los daba en privado y que estaba ahí únicamente para cantar. La gente comenzó a chiflar. Él cantó "Si me quieren que sea por mis canciones". La masa enardecida prácticamente lo obligó a meterse.

En un festival popular celebrado en el Distrito Federal Juan Gabriel cantó junto con Las tres conchitas.

X. AL INICIO DE LOS SETENTA: EL CAMINO A LA FAMA

Al recibir el reconocimiento
de la SACM, en compañía de
Eduardo Magallanes y de
Consuelito Velázquez.

En la SACM, el día que se le rindió un
homenaje (1973). Lo acompañan Tomás
Méndez, José Sabre Marroquín, Consuelito
Velázquez y José Ángel Espinoza.

*L*a carrera de Alberto seguía en un ascenso acelerado, de ser famoso en México comenzó a serlo en muchos otros países. En 1973, el músico fránces Jean Paul, que radicó una temporada en México, me avisó que se iría por un tiempo a París, por si se me ofrecía algo. Se me ocurrió que podríamos hacer alguna variedad en el sonido de las grabaciones de Alberto que pudiera significar un paso más en su proyección internacional, de modo que le pedí nos grabara las pistas de un LP. Jean Paul ofreció grabar con la sección rítmica de Mirelle Mathieu y la sección de cuerdas de la orquesta de Paul Muriat, amigo de Jean Paul. Pusimos la voz e hicimos las mezclas en México; el resto fue trabajo de Paul. El resultado fue de fábula; un disco de calidad con: *En esta primavera*, *Nada ni nadie*, *Esta rosa roja* y otras más.

Ese año recibió un homenaje de la Sociedad de Autores y Compositores de Música por sus éxitos en América Latina, y al año siguiente, el premio "Compositor del año", que le otorgó la crítica especializada. En 1974 grabamos su primer disco con mariachi, acompañado por el Mariachi Vargas de Tecatitlán. Dirigí la grabación porque Enrique Okamura se había ido de la RCA a probar suerte como productor independiente. El LP incluía canciones como: *Se me olvidó otra vez*, *Ases y tercia de reyes*, *Lágrimas y lluvia*, *La muerte del palomo*, etcétera.

Años más tarde, grabamos otro disco con mariachi, con canciones ya populares: *Juro que nunca volveré*, *Con un poco de amor*, *Vidita mía*, *Me gusta estar contigo* y *María, María*, otro cañonazo más.

En 1977 grabó un disco sencillo *Siempre en mi mente*, que fue el primero en alcanzar ventas cercanas a los dos millones de copias. Fue un acontecimiento increíble para todos. Y para Alberto, otra meta alcanzada.

Durante los años que van de 1971 a 1975 conoció gran cantidad de personajes que son leyenda para el pueblo de México, por quienes siente respeto y admiración: Mario Moreno Cantinflas, María Felix, a quien le dedicó la canción *María de todas las Marías*; a Dolores del Río, Pedro Vargas, Arturo de Córdova, Enrique Rambal, Sara García, Carlos López Moctezuma, don Fernando Soler, que le regaló una fotografía autografiada de lo cual está

Juan Gabriel con María Félix, artista a la que admira y a quien le dedicó su canción *María de todas las Marías* .

muy orgulloso; a Agustín Lara, a quien en una ocasión le abrió la puerta de RCA, y a José Alfredo Jiménez, por quien siente profunda gratitud, porque creyó en él desde que lo conoció.

En el homenaje a José Alfredo en diciembre de 1972 por sus veinticinco años como compositor, celebrado en Dolores Hidalgo, Guanajuato, lo acompañaron el Mariachi Vargas de Tecalitlán, Alicia Juárez y Juan Gabriel. En una de sus últimas entrevistas televisadas José Alfredo dijo: "Al único que veo con posibilidad de llegar es a Juan Gabriel. Vamos a ver hasta dónde llega. Yo le deseo buena suerte".

De 1975 a 1977 Juan Gabriel se consolida como compositor e intérprete. A continuación mencionaré algunos de los sucesos más importantes en su carrera artística durante ese periodo:

Su primer álbum con mariachi fue un éxito (1974); realiza dos películas: *Nobleza ranchera* (1975) y *En esta primavera* (1976); debuta en el Casino Royal de la ciudad de México (1975); Mercado de Discos le otorga el "Discómetro" por su canción *Se me olvidó otra vez* (1975); recibe un homenaje de la prensa en Ciudad Juárez (1976); la RCA le otorga el premio "Niper de Oro", por sus ventas de dos millones de discos (1976); debuta en el Teatro Blanquita de la ciudad de México y permanece tres meses en cartelera (1976); continúa en los primeros lugares de popularidad en diferentes países.

Sin embargo, esta etapa en la que alcanza el éxito se vio ensombrecida por la muerte de Victoria, su madre, el 27 de diciembre de 1974. El dolor tan profundo que sufrió Alberto le inspiró una de sus canciones más bellas: *Amor eterno*, de lo que ya he hablado en un capítulo anterior.

La casa de mi mamá, de adobe y tejamanil, me volvió a golpear. ¿Por qué mamá regresaba a esta casita, si yo le había comprado otra en Juárez? Bueno, esto ya no importa nada, ella se murió como su casita de lodo se acabó para ella. ¿Cómo se puede pensar cuando uno está así, sin la cobija de la vida?, y de todas maneras pensé que mi mamá es mi amor eterno. Con su muerte escribiré su Réquiem. *Bueno, doña Victoria, mi* Réquiem *también cuando nos encontremos donde usted está ahora. Y yo no cantaré esta canción hasta que se me enfríe la garganta porque se me enfermó con su muerte y no la controlo.*

Daniel Mijares recuerda:

"Desde que lo conocí, y van a ser treinta años de eso, Alberto siempre dijo:

Juan Gabriel acompañado de José José, Luis Coutolenc, Estela Núñez, María de Lourdes, José Calles y Eduardo Magallanes, al recibir un reconocimiento.

—Te juro por mi madre que está viva que voy a llegar a ser alguien y se van a acabar estos sufrimientos, estas penalidades, estas cosas de sufrir tanta hambre y no tener dónde vivir, y que toda la gente te ande cobrando o te señale con el dedo porque no pagas... un día... vas a ver... y a la primera que voy a tener como una reina es a mi madre.

Yo la conocí en ese tiempo. Un día, como a las nueve de la mañana, pasamos Alberto y yo por donde ella trabajaba; estaba barriendo la banqueta y yo no sabía que era su mamá. Me dijo:

—Espérame, y yo lo esperé. Se le acercó y la abrazó, pero ella estaba bien enojada y le decía que andaba nomás perdiendo el tiempo, de vago, con malas compañías. Clarines que lo decía por mí. Yo tenía veinte años y Alberto dieciséis. Ella repetía enojada:

—¡Qué andas haciendo con pura gente de ésa que anda ahí de vaga en las noches, que vive en las cantinas... un día te va a pasar algo!

Yo no entendía por qué tanta ofensa. Alberto regresó llorando; hice un comentario y él me contestó:

—No digas nada, es que es mi mamá; no tenemos ni para almorzar y yo le quería pedir algo.

—¡No, no le pidas!, ahorita conseguimos dinero, no te apures. Y ya nos fuimos. Todo ese día anduvo triste, él, que a toda hora andaba cantando, imitando artistas; todo ese día estuvo deprimido. Su familia se preocupaba, y entiendo que lo rechazaban para hacerlo reaccionar. No tenían confianza en él. Al empezar a ganar dinero le compró a su mamá una casa muy bonita en Juárez. Ahí vivió ella, pero no por mucho tiempo.

Antes de morir doña Victoria pasaron juntos unas vacaciones en Acapulco, de ahí Alberto se fue a México y la señora a Michoacán. De México salimos a Juárez porque él tenía compromisos de trabajo. Al llegar, recibimos el aviso de que su mamá acababa de fallecer. Murió en su tierra. Ella fue sencilla, no quería lujos, ni siquiera cuando Alberto ya había triunfado y podía dárselos."

En 1977 vence su contrato con RCA y decide invitarme a trabajar con él en la empresa que se instala en México y lo contrata. Acepto con gusto la invitación. Ariola es la nueva compañía donde seguiríamos bregando por los caminos de la música, descubriendo compositores, cantantes, músicos, estudios de grabación. Nos fuimos a Londres a grabar. A las 8:30 a.m. del primer día de grabación sentimos una gran emoción al ver la orquesta de treinta y cinco profesores dispuestos a comenzar la sesión. Johny Arthey fue el arreglista y director con el que iniciamos. Las pistas resultaron de gran calidad técnica. Después de una semana de trabajar con la orquesta durante mañana y tarde, grabamos con los coros. Es curioso oír la palabra "Parácuaro" en voces anglosajonas; cantaron bien, aunque con acento, y la batucada de *Brasil es un amor* quedó estupenda, no la grabaron cariocas. Luego vino la voz de Alberto, fabulosa; logramos un disco que a mi juicio le dio un vuelco a nuestra vida profesional y eso se reflejó en las ventas, se llamaba: *Espectacular*.

A éste siguieron otros con éxito, como *Mis ojos tristes*, grabado en México; regresamos a Londres a grabar el LP en donde viene *Buenos días señor sol*, que por su optimismo la cantan como himno los niños de Semjase y otras escuelas.

Durante el inicio de operaciones de Ariola, Alberto propuso a sus ejecutivos grabar a Rocío Dúrcal con mariachi, interpretando sus canciones. Conscientes

A *Espectacular* siguieron otros con éxito, como *Mis ojos tristes*, grabado en México, y *Buenos días señor sol*, grabado en Londres, que por su optimismo es el himno de los niños de Semjase y de otras escuelas.

José Alfredo Jiménez alguna vez predijo que Juan Gabriel iba a llegar muy lejos y sobre la canción *Se me olvidó otra vez*, comentó que a él le hubiera gustado componerla.

del valor de quien hizo la propuesta, la producción del disco se concretó. El hecho es considerado como el resurgimiento de la intérprete hispana. Hay que recordar canciones de este disco como: *Tarde, Jamás me cansaré de ti, Fue un placer conocerte*, y otras más que a lo largo de 7 u 8 elepés, constituyen en la actualidad el acervo de canciones del binomio Rocío Dúrcal/Juan Gabriel. Ese álbum tuvo el récord de ventas en España a principios de los ochenta. Cabe considerar que en esos años, en España, la búsqueda de temas y ritmos produjo híbridos de mala factura, de modo que, en ese contexto, el mérito de Juan Gabriel como autor-productor resultó fuera de serie. Fue tal el éxito de Ariola a raíz de la contratación de artistas de la talla de Juan Gabriel, Rocío Dúrcal y, más tarde, José José, Estela Núñez y otros más, que sus ejecutivos se vieron en serias dificultades para satisfacer la demanda de discos en el mercado. Los discos eran maquilados por compañías que procesaban sus propios acetatos. Ariola debió adelantar dos años su proyecto de armar una fábrica para producir sus propios discos para satisfacer la demanda. Alberto fue determinante para la expansión de Ariola.

INTÉRPRETES DE JUAN GABRIEL:

Azúcar Moreno	Queta Jiménez
Lorenzo Antonio	Valentina Leyva
Banda Blanca	Lolita
Lola Beltrán	Angélica María
Aída Cuevas	Imelda Miller
Willie Colón	Amalia Mendoza
Conspiración	Estela Núñez
Chamín Correa	Mariachi Ordaz
Chayanne	Orquesta Amor Latino
Christian	Pandora
Lupita D'Alessio	Guadalupe Pineda
Raúl Di Blasio	Daniela Romo
Plácido Domingo	Selena y los Dinos
Rocío Dúrcal	Romantic Sounds
Vicente Fernández	Alberto Vázquez
Ana Gabriel	Maldita Vecindad
Julio Iglesias	Lucha Villa

Con don Pedro Vargas, por quien siempre sintió un gran respeto y admiración.

Con Lucía Méndez

Elsa Aguirre con Juan Gabriel en la casa de Santa Fe.

Emmanuel, Amanda Miguel, Juan Gabriel y Diego Verdaguer en la casa de Santa Fe.

Alberto con Olga Breeskin

Distintas facetas de la vida
artística de Juan Gabriel.

Juan Gabriel.con dos de
sus intérpretes, Angélica
María y Rocío Jurado.

En una entrega de
premios en Mercado
de Discos con el señor
Salvador Suárez,

En una de sus primeras apariciones en
televisión.

Con Estelita Núñez y Marco
Antonio Muñiz.

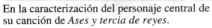
En la caracterización del personaje central de
su canción de *Ases y tercia de reyes*.

En un
festival
popular
organizado
en San Juan
de Aragón,
con el trío
Las Tres
Conchitas.

Distintos momentos de la vida artística de Juan Gabriel dan muestra de su versatilidad como compositor e intérprete.

Rocío Dúrcal en casa de Juan Gabriel, con uno de los niños Aguilera Salas.

En una actuación en Monterrey, Nuevo León.

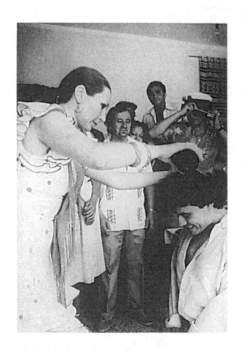

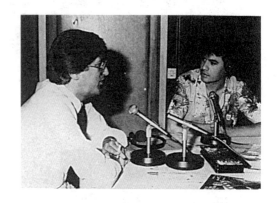

En esta página y en la anterior vemos distintos momentos de Juan Gabriel en sus viajes por España donde se presentó con mucho éxito en el centro nocturno Florida Park de Madrid. Distintas personalidades del medio artístico español lo recibieron calurosamente, como es el caso de Rocío Jurado, y de Lola Flores con su hija Lolita. Asimismo, tuvo una excelente respuesta de los medios de comunicación, como lo demuestra la fotografía de arriba a la derecha donde aparece con el periodista Pepe Domingo Castaño, en la transmisión del programa "El Gran Musical".

Con su club de admiradoras.

Dos secuencias de su
actuación con Rosa Gloria
Chagoyán, en la fotonovela
Los del 9 en la vecindad.

Con María
Félix.

Debut de
Juan
Gabriel en
el Teatro
Blanquita.

LA RECUPERACIÓN DE
SUS DERECHOS

Fueron ocho largos años durante los cuales de Juan Gabriel no se oía algo nuevo, salvo el caso de *Debo hacerlo*, estrenada durante la reseña cinematográfica de 1987 en Acapulco, que por cierto es de los números más "prendidos" de su *show* con lo cual la gente llega al paroxismo, y *Mi más bello error*, número que era prácticamente inédito y se grabó en vivo durante los conciertos que Juan Gabriel ofreció en Bellas Artes en 1990. Durante esos ocho años no hubo ningún "lanzamiento", como se le llama en la industria discográfica, y que es vital para que un cantante mantenga su sitio en el gusto del público. La razón que indujo a Alberto a negarse a grabar un disco con canciones nuevas durante todo ese tiempo fue que inició un largo proceso jurídico contra la compañía que detentaba su contrato de intérprete y el control y copropiedad de sus obras. Con la editora de música, parte de esa empresa, consiguió lo que ningún autor nunca antes había conseguido: que la editora le devuelva paulatinamente la propiedad de sus obras, cada vez que Juan Gabriel entrega la producción de un nuevo disco.

Quiero insistir en la importancia de este arreglo ya que cualquier autor de gran prestigio y popularidad —como don Rubén Fuentes, Armando Manzanero, Joan Sebastian, por mencionar algunos— puede crear su propia editora de música y conseguir que se le administren sus obras actuales por un tiempo determinado y a un porcentaje mucho más satisfactorio para el autor porque gracias a su fama ya está en mejor posición para negociar; sin embargo, nadie ha recuperado el 100 por ciento de sus obras —desde la primera hasta la última composición— como Alberto Aguilera lo logró.

Cierto que Juan Gabriel —cantante— le ayudó a Alberto Aguilera —autor—, pero es digno de mencionar que Juan Gabriel corrió un riesgo altísimo y que al final la jugada estuvo a su favor porque durante esos años se consolidó la leyenda, se consagró como intérprete y como gran artista del espectáculo. Durante todo el tiempo que estuvo ausente de las grabaciones y la televisión (salvo contadas apariciones como el tan sonado programa de Verónica Castro) la energía de su gran capacidad de atracción la capitalizó con llenos inmensos en conciertos, salas de espectáculos y palenques, donde además se fueron sumando día con día nuevos seguidores. Parecería como si su ausencia generara la necesidad de compartir su presencia. Esto es lo que yo llamo consagración y lo que considero que eleva a Juan Gabriel a la categoría de genio, si por genio entendemos a aquél que tiene la capacidad de comunicar y convencer a las masas con su personalidad.

Volviendo al arreglo de Juan Gabriel con la BMG/Ariola, para la consecución de este arreglo contribuyeron de manera determinante Isela Vega, gran actriz y amiga de Alberto; Darío de León, su diligente apoderado y representante, y por parte de la disquera el señor Jesús López.

Desde mediados de la década de los setentas surgió en Alberto Aguilera la inquietud de la recuperación total de sus canciones, cuando un conocido editor le propone crear una editora con el fin de que a partir de ese momento todo lo que componga y grabe sea del propio Alberto. Cuenta él que entonces reflexionó:

Si al hacer mis canciones las hacía 100 por ciento enamorado, por qué tenía que compartir de por vida con una empresa un 50 por ciento de derechos, producto de mis sentimientos, cuando ellos sólo habían invertido en el registro de la obra.

Así, en 1981, RCA decide sacar un disco para la temporada navideña con varios artistas. Le solicita a Ariola

—compañía en la que Alberto grababa desde 1978— el *track* de *Con tu amor*, un éxito por aquel entonces. Alberto sugiere a Fernando Hernández, director general de Ariola, que en lugar de *Con tu amor* sacaran la canción *Siempre en mi mente*, la cual formaba parte del catálogo que Alberto había dejado grabado en la RCA, y que ya apuntaba para el clásico en el cual se convirtió (personalmente creo que es uno de los grandes *hits* de Juan Gabriel).

Ante esta respuesta, la RCA contestó airadamente pidiéndole a Ariola que retirara del mercado todos los discos que contuvieran canciones pertenecientes al catálogo de RCA-Edim.

La carta que enviaron a Ariola, Alberto se la llevó a un conocido abogado, quien lo escuchó y le propuso enviar una carta a RCA-Edim manifestándole su inconformidad por esa actitud y con ello el aviso de una demanda. Con este acontecimiento Alberto se dio cuenta, según me relata, que no valoraban la calidad de sus obras, y no sabían qué hacer con lo que representa su patrimonio. RCA-Edim contesta ofreciéndole disculpas a Alberto y según él mismo narra esta carta fue más importante que la primera porque confirma lo que él pensaba.

Durante todo el tiempo que estuvo ausente de las grabaciones y la televisión, la energía de su gran capacidad de atracción la capitalizó con llenos inmensos en conciertos, salas de espectáculos y palenques, donde además se fueron sumando día con día nuevos seguidores

Paradójicamente, en el curso de la demanda, en 1986, se fusionaron RCA y Ariola dando lugar a la actual BMG/Ariola, Alberto no acepta la fusión, pero el contrato firmado decía muy claramente que se podía traspasar o vender a terceros. Es cuando Alberto retoma la idea de la demanda. BMG/Ariola le propone un nuevo contrato que contempla la devolución de sus canciones, pero sin especificar cuándo y por qué. En estos ires y venires, con cambios de directores generales de la Ariola en varias ocasiones, transcurren los ocho años antes mencionados.

Para el año 2000, en abril para ser exactos, si todo marcha bien, se habrá devuelto a Alberto el 100 por ciento de su catálogo.

ARREGLISTAS EN LA MUSICALIZACIÓN DE LAS CANCIONES DE JUAN GABRIEL

Jesús "Chucho" Ferrer
Homero Patrón
Chuck Anderson
Tom Parker
Daniel Pershing
Jesús Rodríguez de Hijar
Eduardo Magallanes
Jonathan Zarzoza
Rubén Alfredo Pérez Izzi
"Pocho Pérez"

Fernando Z. Maldonado
Lazaro Muñiz
Rigoberto Alfaro
José "Pepe" Martínez
Jean Paul
Gustavo Farías
Joe Cueto
Rigoberto Gómez

XI. LA TEMPESTAD Y LA CALMA

Juan Gabriel es un buscador del
equilibrio en todos los órdenes de
la vida, y busca mejorar sus
relaciones con los demás.

*A*lgo que mucha gente se ha preguntado es el motivo del distanciamiento entre Juan Gabriel y Televisa. A este respecto él me comentó que hace tiempo Verónica Castro lo invitó a su programa *Mala noche no*, el cual tuvo mucho éxito, al grado que se le ha recordado como el programa que desveló a todo México pues se prolongó de las 11 de la noche a las 6 de la mañana, y a pesar de haberse transmitido en un día hábil, mucha gente prefirió quedarse en vela que perdérselo.

Después, Verónica lo invitó al programa *La movida*, pero Alberto no fue. Luego lo invitó a *Aquí está*, y tampoco aceptó. Cuando vino el programa *Y Vero América va*, les dijo que sí a los productores, que sí iría. Ellos ofrecieron pagarle cien mil dólares y además le sugirieron que llevara a los niños de Semjase para que tocaran y cantaran en el programa. Alberto aceptó, pero les puso una condición: que durante el programa no se pasaran anuncios de productos nocivos para la salud (cigarrillos y bebidas alcohólicas) y ahí dijeron que no, que no aceptaban esa condición. Entonces les dijo: "ya no hacemos el programa, lo haremos en otra ocasión". Ése fue el origen del problema. Después vino lo del concierto en el Rose Bowl y con ello ya supo cómo estaban las cosas con Televisa.

La imponente construcción del Rose Bowl en Pasadena crece ante el vacío que impera. Falta construir el escenario donde unos días más tarde se realizará el concierto. Miles de asientos, en número superior a los 95 mil, esperan a los espectadores.

Alberto caminó con paso lento y firme hasta el centro de la cancha. Al llegar ahí, se detuvo y suspiró; por un momento parecía dudar de su capacidad de convocatoria para atraer públicos multitudinarios. Existían problemas que ponían en riesgo la presentación.

Unos meses atrás, Alba Eagan, amiga de Alberto quien trabajaba para Telemundo, se propuso organizar un gran concierto con Juan Gabriel en un estadio de inigualables dimensiones y capacidad: el Rose Bowl, en Pasadena, cerca de Los Ángeles, California, para que se transmitiera por televisión a los Estados Unidos. Inmediatamente los directivos de Telemundo establecieron contacto con Alberto para plantearle el ofrecimiento. Antes de firmar el contrato, Alberto se comunicó con los ejecutivos de la televisión privada de México, Televisa, para ofrecerles el proyecto de transmisión del concierto por alguno de sus canales. Transcurrido un tiempo prudente, y al no obtener respuesta de Televisa, aceptó el ofrecimiento de Telemundo y solicitó que las ganancias por el concierto fueran destinadas a Semjase.

Alberto pensó que este programa resultaría atractivo si con él se presentaban las figuras del espectáculo que han sido sus principales intérpretes. De contar con esta posibilidad, el programa se llamaría "Juan Gabriel y sus mujeres". Se invitó a las elegidas. Imaginar una cantata de Juan Gabriel y sus intérpretes, alborota de antemano, llena de placeres. Yo, como músico, ya escuchaba esas voces como solistas y también en corales. ¡Tratar de imaginar el conciertazo! Y ya, no cabría el público en el Rose Bowl.

Me encontraba en Santa Fe, Nuevo México, dirigiendo unas grabaciones para el nuevo disco de Alberto

Vázquez con canciones de Juan Gabriel, cuando Alberto me llamó y me preguntó si podía ayudarlo en el proyecto del estadio. Mi respuesta fue inmediata y afirmativa. Me platicó que Televisa no respondió a su llamado y que sus intérpretes, Rocío Dúrcal, Lola Beltrán, Las Pandora, Aída Cuevas, Estela Núñez, Daniela Romo, en principio habían aceptado pero luego se disculpaban diciendo que estaban por grabar o promoviendo sus discos; que lo otro, que vino y se fue, que les ofrecían un programa de televisión o una telenovela y que lo sentían mucho y se disculpaban. Él lo narra de la siguiente manera:

> *Telemundo quería contratar, pero les aclaré que primero tenía que sugerir el programa a Televisa. Quería que fueran los primeros en tener la opción.*
>
> *Envié un fax a un alto ejecutivo de la empresa Televisa solicitando una entrevista para tratar el asunto, y no obtuve respuesta alguna.*
>
> *Esperé dos semanas y ninguna noticia. Cuando supieron que haría el concierto con Telemundo, Tina Galindo hizo algunas gestiones en Televisa, pero era demasiado tarde, ya habíamos rentado el estadio y se había anunciado el espectáculo como "Juan Gabriel y sus mujeres"; las mujeres que irían son mis intérpretes. Al principio todas dijeron que sí, y tengo los faxes de ellas confirmando su presencia, pero conforme se acercó la fecha del evento, no había respuestas concretas, conste que era pagándoles diez mil dólares a cada una. Las utilidades del evento serían destinadas a Semjase. La cosa era que saliera bien el concierto. Después, cada una de las intérpretes fue diciendo que no podía asistir; tengo los faxes. Les insistí, vengan, lo único que quiero es que hagan acto de presencia; de la televisión no se preocupen, si nosotros decimos que vamos a grabar en Telemundo el* show, *la gente no va a ir al estadio. Como era un*

No ha faltado gente a quien Alberto ha querido y con la que ha llevado una amistad. Y por ambición, notoriedad, desubicación, esa persona le ha fallado.

espectáculo en vivo, les ofrecí que de la grabación se editaría la participación de cada una de ellas, haciendo constar esto en su contrato. Mi idea era no perjudicar a ninguna persona, no quería que las vetaran. No soy egoísta. Sin embargo, las señoras no llegaron para lo del Rose Bowl.

Ese día en Pasadena, luego de permanecer unos minutos de pie en el centro del estadio, caminó de regreso hacía mí y me dijo:

Vámonos, maestro Magallanes. Hay mucho que hacer.

Unas horas más tarde, tomábamos el avión de regreso a su casa familiar, en donde él pensaría la estrategia necesaria para encarar este nuevo reto.

El estadio había sido rentado con la debida anticipación, pagando la cantidad acordada.

Al enterarse de la situación con las artistas, Telemundo estuvo a punto de cancelar el espectáculo. No creía que pudiera obtenerse el éxito esperado: la promoción y publicidad comenzó a debilitarse hasta casi desaparecer. No tenía caso invertir en un asunto que podría resultar un fiasco. Había desánimo, pero no todos estaban desanimados. No, qué va, Juan Gabriel no estaba desanimado. Se mostraba tranquilo, aunque en el fondo estaba contrariado y preocupado. Creo que bastante preocupado. Yo lo podía entender. Era indispensable una determinación. Alberto la tomó; el espectáculo se efectuaría con o sin sus intérpretes, con o sin publicidad o promoción de Telemundo. En todo caso, él mismo se encargaría de promover el asunto. Haría lo que fuera necesario. Lo que importaba era que ese proyecto no se cancelara y que resultara todo un éxito.

No ha faltado gente a quien él ha querido y con la que ha llevado una amistad. Y por ambición, notoriedad, desubicación, esa persona le ha fallado. Alberto, según afirma, acaba por entender y, por lo mismo, acaba por disculpar:

Fuimos amigos hasta que ya no teníamos por qué serlo. Saludo a esas personas, que fueron amigos, pero ya no es igual.

Es un buscador del equilibrio en todos los órdenes de la vida, y busca mejorar sus relaciones con los demás. Tiene obsesiones porque la gente crea en ella misma, actúe y no hable tanto. Dice que los capitalinos nos quejamos mucho de las calamidades que nos aquejan, pero se nos va la energía por la boca y no hacemos nada por evitarlo.

Me gustaría comentar que la organización del concierto y las cancelaciones fueron una odisea para Juan Gabriel; llenar ese estadio fue difícil. Telemundo se mostró escéptico con respecto al éxito del concierto por dos razones: la primera, porque Alberto se había presentado recientemente en varios lugares cercanos a Pasadena, California.

Segunda, el éxito de taquilla se veía en peligro con la ausencia de las figuras anunciadas que habrían de enmarcar la presencia de Juan Gabriel. Figuras a las que él les había producido tantos éxitos.

En conclusión, Alberto se echó a cuestas la tarea de promover solo el espectáculo. Desde un mes antes recorrió el sur del estado de California, y en especial la ciudad de Los Ángeles. *Tuve que ir al mismo infierno*, me comentó durante el ensayo general.

Cuando vi el estadio lleno, con más de setenta y cinco mil personas, me acordé que poco tiempo atrás, en un pueblito llamado Cerrillos, cercano a Santa Fe, Nuevo México, caminábamos por una callecita y sentí que Alberto meditaba y estaba preocupado. Era el momento de las cancelaciones de las cantantes. Le comenté que ésa era una buena oportunidad para tocar fondo después de

Usted no sabe de qué temple soy.

estar acostumbrado al éxito continuo, y que este tipo de experiencias difíciles le permitirían fortalecerse y salir airoso; crecer más. Él contestó:

Usted no sabe de qué temple soy. No sé qué voy a tener que hacer, pero si es necesario, me los llevo del cogote. En Televisa les prohíben hasta decir mi nombre, y si alguien lo menciona por equivocación, le ponen el sonido del "bip". Han llegado al extremo de ni siquiera vender tiempos para la publicidad de mis espectáculos. Vamos a hablar como se debe hablar y a hacer lo que se debe hacer, eso es ser hombre y profesional, punto. No es suficiente tener dos bolitas y un pedazo de carne para acreditarte como tal, yo nunca le falté al respeto a mis intérpretes ni quise arriesgar su carrera, ni nada que se parezca. Lo demás, que cada quien responda.

El día del concierto, el 31 de julio de 1993, llegaron los chicanos, los mexicanos, los norteamericanos, los angelinos en montones. Juan Gabriel acabó de entender su capacidad de convocatoria. ¡Ah! y las multitudes lo corearon y le agradecieron que el concierto no hubiera sido cancelado. Las intérpretes que acompañaron a Juan Gabriel fueron Lucha Villa, Mona Bell, Ángela Carrasco y Amalia Mendoza.

Cuando uno trabaja en un
escenario con Juan Gabriel
como técnico, debe
controlar la adrenalina;
estar atento, muy atento a
lo que él va a hacer. Él
busca muchos cambios en
favor de la música, del
concierto, del espectáculo,
del público, de la orquesta,
de él mismo.

A estas alturas de mi vida puedo decir sin temor a equivocarme que mi profesión de músico me ha permitido intensidades bárbaras y fantásticas que provocan emociones de todo tipo; sensaciones que nutren la vida de un creador. Mi amistad con Alberto está basada en el respeto mutuo y ha sido fortalecida a través de los años. Tenemos un sinnúmero de creaciones y realizaciones. Los dos hemos escrito, él sus canciones, yo algunos arreglos. Hemos grabado, estudiado, disfrutado, discutido, sufrido, peleado; finalmente nos ponemos de acuerdo y trabajamos para la música, para la gente, para nosotros. Ahí, donde el compositor, arreglista, director, son testigos y coprotagonistas del concierto. Juan Gabriel y su público me asombran cada vez más, y han dejado en mi mente la idea clara y concreta de que cada uno de sus conciertos produce una gran catarsis.

Cuando uno trabaja en un escenario con Juan Gabriel como técnico, debe controlar la adrenalina; estar atento, muy atento a lo que él va a hacer. Él busca muchos cambios en favor de la música, del concierto, del espectáculo, del público, de la orquesta, de él mismo. No sólo el director debe estar concentrado, también los integrantes de la orquesta, los coros, los técnicos, todos, nos volvemos como antenas. Si no nos ponemos bien las pilas,

**EL MÉXICO QUE
SE NOS FUE**

Como ha cambiado mi pueblo
mi pueblo ya no es el mismo
de aquel pueblo tan hermoso
al de hoy hay un abismo

Ya no hay mujer con rebozo
ya no hay hombres campesinos
ya el cántaro no va al pozo
lo rompió el industrialismo

Ya se contaminó el agua
de las acequias y ríos
ya se secó un ojo de agua
ya cerraron el molino

Ya la mujer no usa enaguas
ni el hombre calzón de indio
ya la mujer no usa el habla
ni el hombre su civismo

Ya las casitas de adobe
están desapareciendo
hoy las construyen de bloque
feas las están haciendo

La plata y el oro del pobre
caros se han ido poniendo
ya no hay monedas de cobre
de níquel hoy vienen siendo

Ya no oigo tocar la banda
de los Suárez y sus hijos
qué triste se ve la plaza
los sábados y los domingos
ya no hay otra clase de bancas
ya no hay kiosco ni estanquillo
Ya la gente del campo se ha ido
a emprender una nueva aventura
a los campos de Estados Unidos
con tristeza y quizás amargura
de saber que en su pueblo han
perdido
el ingenio, el molino y cordura

(FRAGMENTO)

sucede que no podemos seguir los cambios que él busca y produce, y nos sentimos culpables, atentamos contra la magia.

Juan Gabriel es un reto para cualquiera que esté con él en un escenario; con él uno crece: músicos, cantantes, técnicos. En esos conciertos uno no puede quedar fuera de la luz cenital que Juan Gabriel provoca al cantar, y de pronto, al tomar la batuta.

En el tutti de *Hasta que te conocí*, el *leit-motiv* de los metales que alternan con Juan Gabriel en el discurso musical, lo sé hoy, es la quinta esencia de búsqueda de amor, su amor, su soledad, la queja por la ausencia. La música se vuelve metáfora de bronces que inundan todo el ambiente; eso se mete en nosotros y nos deja suspendidos en un aquí y allá que nos conecta con lo insondable.

Para cuando este libro vea la luz ya se habrá dado a conocer el más reciente —en la industria discográfica nunca decimos el último— trabajo fonográfico de Juan Gabriel: *El México que se nos fue*. Tenemos mucha confianza del buen recibimiento que tendrá, ya que el disco sale justamente cuando los mexicanos necesitamos sentirnos bien con nosotros mismos y orgullosos de nuestra identidad, pues, como todos sabemos, 1995 ha sido un año particularmente difícil en cuanto a la salud, la política y la economía.

Hace tiempo que Alberto venía planeando este disco que de alguna manera rescata aquella música que mejor refleja nuestra idiosincrasia y muestra con ello nuestros sentires y sabores del alma.

Seguramente los jóvenes encontrarán en este nuevo disco de Juan Gabriel las canciones que de alguna manera les permitirán echarse una "zambullida" en nuestra ancestral manera de decir y expresar las cosas, y hasta —por qué no—, de reflexionar (no es panfletaria la onda). En el álbum se incluyen sones michoacanos, huastecos, corridas, canciones rancheras (*El son del palo, La herencia, Juan y María, La 187*), en fin, el trabajo de un mexicano para sus hermanos, hablándoles con mucho ingenio para que canten y piensen acerca de sus más apremiantes necesidades y realidades.

Ya que toco el tema del ingenio de Juan Gabriel, diré que a mí me corresponde hablar de la manera como veo su talento, tratando de ir más allá del elogio fácil que la amistad y la admiración hacia él me puedan llevar.

Si recuerdo a aquel muchacho que comenzó primeramente haciendo coros en algunas grabaciones, luego continuó grabando sus propias composiciones y posteriormente produciendo discos para otros artistas, debo decir que en cada una de estas etapas Alberto siempre mostró mucha seguridad en lo que le parecía que debía ser el resultado de una canción en materia de producción (arreglos, ejecución de músicos, interpretación de coros, cantantes, calidad de sonido, etcétera).

Otro rasgo de su talento que siempre me ha llamado la atención es que tiene una memoria canora impresionante. Recuerda canciones que escuchó desde niño con su mamá, en la calle, en la escuela; pero no sólo recuerda las letras, como podría ser lo común, se acuerda incluso de las melodías, los intérpretes, los compositores e incluso de los arreglos.

Alguna vez le pregunté, a instancias de la maestra María Alicia Martínez Medrano, qué era la música para él cuando era niño y me contó que por ejemplo cuando oía una sierra eléctrica trabajar podía escuchar el tono de la frecuencia en la que la sierra trabajaba y él jugaba a ser lo que llamamos una segunda voz, en un tono más alto o más bajo que el del instrumento en cuestión. De esa forma desarrolló un sentido de la armonía (el uso de varias voces simultáneas que según el caso los músicos le llamamos armonía o contrapunto).

Cuando hemos hecho arreglos al alimón me sorprende su lógica musical. Nunca acepta lo que se pudiera considerar como algo rebuscado; le da a la línea melódica aquel sustento armónico o rítmico que el carácter

Foto del disco *El México que se nos fue*. Tenemos mucha confianza del buen recibimiento que tendrá, ya que el disco sale justamente cuando los mexicanos necesitamos sentirnos bien con nosotros mismos y orgullosos de nuestra identidad.

Algunas de sus letras han sido criticadas por lo que atañe a su construcción gramatical: en particular el manejo de tiempos en verbos y acentos, sin embargo ha acuñado frases que ya son parte del acervo de nuestros dichos populares como "Por eso aún estoy en el lugar de siempre, en la misma ciudad y con la misma gente".

y espíritu de la canción requiere. Siempre recurre a la sencillez, con una frase que para mí es muy familiar "el pueblo no ha ido al conservatorio".

A pesar de esto, Juan Gabriel logra en la creación de sus canciones fórmulas musicales interesantes por cuanto a cambios de tono y ritmos se refiere, y lo logra de forma natural e intuitiva. Así, ha logrado canciones de excelente factura como *De mí enamórate*, *Siempre en mi mente*, *Querida,* por mencionar algunas.

Algunas de sus letras han sido criticadas por lo que atañe a su construcción gramatical: en particular el manejo de tiempos en verbos y acentos, sin embargo ha acuñado frases que ya son parte del acervo de nuestros dichos populares como "Por eso aún estoy en el lugar de siempre, en la misma ciudad y con la misma gente" o "No cabe duda que la costumbre es más fuerte que el amor", o la más reciente "Pero qué necesidad, para qué tanto problema".

JUAN Y MARÍA

Oye María, escuché el otro día
que te quieres separar
que porque no tiene nombre
lo que te ha hecho ese hombre
y que ya no aguantas más

Oye María, estás a tiempo todavía
para recapacitar
si te dicen que va y viene
que con otras se entretiene
es pa' hacerte sentir mal

No debes tú dejar nunca a Juan
no debes tú dejarlo jamás
no debes tú dejar nunca a Juan
no debes tú dejarlo jamás

Como amigo que soy un consejo
te doy no dejes nunca a Juan
por eso es que aquí estoy contigo
el día de hoy te vengo a aconsejar

Oye María que lo andas hasta
espiando
porque andabas tú buscando saber si
te engañara
lo que dicen es mentira no permitas
que consigan
verte como ellas están

La que busca encuentra, tú no andes
buscando
si él a ti no te quisiera, a tu lado no
estuviera
y se hubiera ido ya

La que busca encuentra, tú no andes
buscando
tú defiende con orgullo el honor de
él y el tuyo
sea mentira o sea verdad

(FRAGMENTO)

Como todo gran creador es polémico. Durante los ensayos de sus conciertos en Bellas Artes con la Orquesta Sinfónica Nacional, de pronto me pidió cambiar ciertas frases en la sección de cuerdas, más de cincuenta elementos, ante el estupor de muchos de los integrantes de la orquesta por el trabajo que esto implicaba. Yo, acostumbrado a este tipo de "ejercicios", no vacilé en pedirle a los músicos que lápiz en mano tomaran como dictado aquello que Juan Gabriel fuera de toda necedad pedía. Al final, todos gozamos con el resultado obtenido y esto desde luego se vio reflejado en la aceptación y el deleite del público.

Quiero destacar que con los años he notado una evolución creativa en él y siempre en favor de comunicar de una manera directa ideas ya sean literarias o musicales, a través de distintos géneros con los cuales ha sorprendido enormemente, como es el caso de *Debo hacerlo*, entre otros muchos, donde hace una mezcla inusitada de rumba, rock y bolero, con la incorporación del Synclavier, instrumento electrónico sofisticadísimo de la más alta tecnología musical (de moda en la década de los ochenta) con instrumentos tradicionales del mariachi y los metales de la orquesta.

Es incuestionable que siento un gran cariño y admiracion por Alberto, producto básicamente de una serie de sucesos en los cuales está implícito el desarrollo profesional de ambos. Los eventos personales que hemos compartido a lo largo de este tiempo me han permitido ver que la carencia afectiva que sufrió desde su infancia lo marcó para siempre y que el cariño que sentimos por él sus amigos, al cual le da un valor muy especial, no llena el hueco que en ese sentido él ha tenido, si bien ahora sus hijos lo vuelven un ser lleno de ilusiones y lo mantienen con la cabeza ocupada. Al fin humano, como buen creador ese vacío sigue siendo el mejor pretexto para llenar de música su vida.

Existen entre nosotros algunas discrepancias musica-

CANCIÓN 187

Cuando me fui para el norte
me fui para estar mejor
iba en busca de trabajo
pero oh! desilusión

Cuando llegué a San Francisco
nadie me tendió la mano
esos norteamericanos
carecen de amor

Luego me fui pa' Los Ángeles
ahí nunca sale el sol
es bonito no lo niego
pero hay muchísimo smog

Y por si fuera poquito
tienes otro gran problema
tienes que andarte cuidando
siempre de la migración

Luego me fui pa' Arizona
donde hace un cruel calor
ahí cualquiera se muere
de una deshidratación

Luego me fui para Texas
que es un poquito mejor
pero en cualquier parte
encuentras mucha
discriminación

Total que no hallé trabajo
y sin papeles peor
si los que son residentes
no consiguen menos yo

Mejor me vine pa' mi tierra
a mi pueblito Tzintzuntzan
he comprendido que en todito
más bonito es Michoacán

Ahora trabajo en el campo
trabajo de sol a sol
ahora estoy con mi familia
y cada vez mucho mejor

Adiós gringos peleoneros
buenos pa' las guerras son
ellos creen que Dios es blanco
y es más moreno que yo.

EL HIJO DE MI COMPADRE

Al hijo de mi compadre que se
llama Margarito
lo metieron a la cárcel porque se
robó un chivito
yo lo acompañé a sacarle, mi
compadre al juez le dijo
señor vengo a suplicarle que
perdone usted a mi hijo
señor vengo a suplicarle que
perdone usted a mi hijo

El juez le contestó son 45 pesos
por menos y más señor aquí
tengo muchos presos
por menos y más señor aquí
tengo muchos presos

Y salimos de la cárcel para
conseguir dinero
él tiene muchos pendientes pero
su hijo es primero
y salimos de la cárcel para
conseguir dinero
él tiene muchos pendientes pero
su hijo es primero

Le prestó don Abraham le prestó
don Efrén
le prestó don Trino don Jesús y
don Rafael
y lo fue a sacar y le dijo el juez
pagarás con cárcel si es que
robas otra vez

No te da pena ver a tu padre que
se avergüenza
no hagas que sufra tu pobre
madre muchacho piensa
no eres rico tampoco pobre
no es necesario muchacho tonto
de que tú robes
si quieres algo trabaja y compra
al fin y al cabo que aquí en el
campo el trabajo sobra.

les, por llamarlas de alguna manera. El que esto escribe, también creador, ha buscado su voz y su forma de decir las cosas, y a veces no coincidimos en el intento, a pesar de ser tan afines y de admirar su talento musical.

Me he forjado al lado de grandes maestros, entre los cuales sin duda alguna Alberto tiene un lugar muy especial y lo admiro tanto como a los grandes creadores musicales de mi tiempo y de mi patria, como es el caso del señor José Alfredo Jiménez, con quien me unió una gran amistad y de quien tuve el privilegio de ser arreglista y director musical en algunas de sus últimas grabaciones; a Armando Manzanero, cuyas canciones *Adoro*, *Esta tarde vi llover*, *Mía*, etcétera, me dieron a conocer en toda Latinoamérica como arreglista. Además de trabajar con el maestro don Rubén Fuentes a quien tendría que dedicarle todo un libro por lo que de bueno y valioso ha aportado a mi vida como profesional y como ser humano. Es un grande de la música mexicana y, para privilegio mío, un gran amigo a quien siempre llamo "mi eterno jefazo".

Finalmente, en este camino de crecimiento, un ser que aportó mucho a mi vida profesional, y a quien siempre le agradeceré, esté donde esté, es a don Mario Moreno, *Cantinflas*, con quien trabajé en un disco que grabó.

En fin, que este texto sirva a manera de reflexión acerca de la dificultad que implica el buen desarrollo de las relaciones humanas que entre artistas se antojan todavía más difíciles.

A mis prácticamente 54 años de edad puedo afirmar que si el tiempo de un hombre se puede medir por años, su vida se valora por lo que comparte con los que ama. En mi caso, mi familia y mis amigos.

XIII. BUENOS DÍAS A LA VIDA

De tiempo atrás Alberto se
ha venido preocupando por
aspectos concernientes a lo
más importante que tiene
el ser humano que es su
salud, y por ende, por todo
aquello que la crea y la
destruye.

*E*n el trayecto de la casa que Juan Gabriel tiene cerca de Toluca, hacia mi casa, por el rumbo de Perisur, íbamos un viernes como a las 2:00 P.M., prácticamente a vuelta de rueda por el Periférico, y al charlar de distintos temas le pregunté: Si tú fueras regente de la ciudad, ¿qué harías para combatir la contaminación? Él me contestó:

Lo primero que haría es combatir la contaminación visual causada por tantos anuncios comerciales, porque por ahí hay que empezar. Con tanta publicidad se deforman las ideas y de ahí sigue todo lo demás en contra de la sociedad.

No fue una respuesta casual. De tiempo atrás Alberto se ha venido preocupando por aspectos concernientes a lo más importante que tiene el ser humano que es su salud, y por ende, por todo aquello que la crea y la destruye: desde la forma de vida, los hábitos alimenticios, las formas de curación, hasta lo que tiene que ver con nuestro entorno: el cuidado del medio ambiente.

Esta preocupación lo ha llevado a investigar con verdadero ahinco diferentes alternativas de curación, como la ya ancestral cura por medio de la ingestión de la propia orina. Además de practicar este método, Alberto es un convencido de los beneficios de este tipo de prevención o cura de algunas enfermedades. Para ello, me proporcionó un texto en el que ha basado sus conocimientos.

"La orina se filtra al entrar en el cuerpo; se hace cada vez más y más pura incluso en un solo día de vivir de ella, más agua del grifo si se necesita. Primero limpia, luego libera obstrucciones y finalmente reconstituye los conductos y órganos vitales estropeados por la enfermedad. En realidad no sólo reconstituye los pulmones, páncreas, hígado, cerebro, corazón, etc., sino que también repara los revestimientos del cerebro, intestinos y otros, tal como se ha demostrado en el caso de muchas enfermedades "mortales", como la consunción de los intestinos y la peor forma de colitis...."

Fragmento del libro *El agua de la vida*, del Dr. John W. Armstrong.

¿Y tú crees que la comida vegetariana y el naturismo, ayuden a curar enfermedades?

Estoy seguro que las enfermedades se curan con alimentos que nos da la tierra: yerbas, frutas, granos. He ayudado a algunos familiares a curarse. Uno de mis hermanos tenía diabetes grave, casi no veía y apenas podía mantenerse en pie. Con paciencia y dedicación, aceptó consejos y comió lo que le indiqué. Usted lo ha visto últimamente y puede decir cómo está, y es que la curación está en la alimentación y los ayunos.

¿Qué opinas del Sida? ¿Puede curarse?

Maestro Magallanes —interviene Jesús Salas—, fíjese que allá por 1979 Alberto dijo que se venía una enfermedad terrible que iba a atacar y a matar a muchos. Al poco tiempo apareció el Sida. Y como nadie sabía como se transmitía, se tenía pánico de entrar a los baños públicos, nadar en albercas, beber en vasos ajenos, ir al dentista, etcétera. Creo que Alberto tiene un don, de ver allá a lo lejos lo que se nos viene encima.

Alberto contesta sin dejar que Salas termine.

No puedo verlo, ni me gustaría. Pero cierto, supe que nos amenazaba una enfermedad espantosa, no sé cómo pero lo supe. El Sida lo produce un virus, y siempre he creído que si el cuerpo está sano, es casi imposible que un virus pueda atacarlo. Si no está sano llega el día en que los glóbulos blancos contaminados se pelean con los rojos y dejan de llevar información al cerebro y se producen enfermedades como anemia, leucemia y otros padecimientos.

Es cosa de ponerse de acuerdo con los otros dos que llevamos dentro del cuerpo. Cada persona está formada por tres elementos principales, de ahí se origina el triángulo emblemático de algunas religiones. El triángulo de fuerzas en unidad, produce potencia. El individuo es como una carreta, con su caballo y su cochero. El cuerpo viene siendo la carreta, el caballo la energía del cuerpo y el jinete el pensamiento. El virus que se transmite por descuido, promiscuidad, transfusiones de sangre, se ha vuelto el azote de la humanidad. Y yo insisto que el terror al Sida o al cáncer es inútil, ni siquiera a la gripe hay que tenerle miedo. Es necesario educarnos y educar a los niños, prepararnos, informarnos de lo que es bueno en la alimentación. Una persona que se alimenta con productos naturales tiene buenas ideas, se le aviva la intuición; puede percibir lo que hay a su alrededor por no estar intoxicada. La intoxicación es veneno. Es necesaria la desintoxicación completa, si hay intoxicación no podemos estar con la gente que amamos, no se puede convivir con la pareja, los hijos. Es imprescindible eliminar las causas de la in-

toxicación, porque el cuerpo va a reclamar su estado de salud. Y para esa cura es necesario alejarse de los que amamos. Se debe evitar comer carne, estoy seguro que los animales que uno come, el día de mañana van a vengarse, haciéndonos padecer calamidades físicas. Dígame si no es cierto, que el problema principal de la gente es tener sucio el estómago. Es necesario mantener limpio el estómago, con alimentación sana. Si un individuo no tiene buen estómago no tiene buen corazón; y si no tiene buen corazón, no tiene buena sangre; y si no tiene buena sangre, no tiene buenos sentimientos; y si no tiene buenos sentimientos, entonces es un desastre.

En la parte peruana del Amazonas hay una hierba que se llama "Uña de gato". Los que estén enfermos deben averiguar lo más que puedan de esa planta. Y quienes estén bajos de defensas, pueden preparar la planta conocida como "Diente de león" (que se da en todas partes) y beberla como agua de uso.

Con todos esos conocimientos deberías dedicarte a curar gente, le dije.

Es algo que me gustaría hacer, maestro. Hasta he pensado poner una especie de clínica de salud por San Miguel de Allende y ahí dedicarme a curar a mis amigos y familiares y a quienes lo necesiten. Mientras tanto, sigo en lo mismo, la ignorancia es falta de información y la vida es la información.

Tal vez cuando te retires...

¿Retirarme de la vida artística? ¡Imposible! Así me esté muriendo... creo que cuando muera es cuando estaré para siempre más presente. Lo que quiero es superar y evolucionar lo que hice, cosas que no tenían el fin de ganar dinero, sino con el fin de fortalecer mi

espíritu, mi ser y ha sido una gran inversión, y sin darme cuenta llegué a invertir tanto tantísimo amor, que ahora lo que recibo es cariño y bendiciones de la gente. Así que retirarme es imposible. No quise ser famoso con un propósito de utilidad para mí, sino con el propósito de ser, de saber y de servir, porque he caminado por la vida más por lo que me gusta aprender y saber, que por lo que pueda tener; porque yo no soy lo que tengo, a mí me gusta más ser lo que sé, aplico lo aprendido. Eso me ha ayudado a ser feliz, porque lo soy. Soy feliz porque no tengo esclavitudes, no tengo religiones; creo en mí y respeto las creencias de los demás, los quiero como son porque cada uno tiene su razón y su verdad. Sé que a veces quiero parecer maestro pero no lo soy. Parezco filósofo, pero tampoco lo soy, hablo de lo que he vivido y aprendido. Si no supiera nada de lo que sé, si no lo hubiera vivido, me gustaría saberlo y haberlo vivido, experimentado.

No quiero ni pretendo tener la razón, para mí no es halago ni alabanza, ni me sentiría bien si se pensara que quiero recibir alguna gloria por lo que sé. No me hace sentir bien que otros no sepan. Cuando le hablo de lo que sé, lo primero es esto, que conozco los frutos de la tierra, los amo, los respeto, los consumo, y pienso que en este país todos, desde las criaturitas más pequeñas, deberíamos sembrar, cuidar la tierra, el agua, los mares y ríos, el cielo porque también eso es alimentación. El país ya no debe estar desolado por el descuido en el que se tiene su naturaleza. La felicidad será que los demás sepan mucho y yo aprenda de ellos. Es triste que uno nada más escuche sus propias palabras. Y vuelvo a decirle que para conservar la salud es necesario que desde chiquitos nos eduquen a sembrar, cuidar y proteger los alimentos de la tierra y luego comerlos para conservarnos sanos.

CUANDO ESTOY EN EL CAMPO

Cuando estoy en el campo mi
vida cambia
mi casita de adobe ésa es mi
estancia
oigo el canto del gallo
anunciando
que ahí viene a mi rancho
un bello y nuevo día

El amor se despierta
la fe se levanta
la vida comienza
y todo en armonía

Cuando estoy en el campo me
voy al río
a escuchar el silencio de Dios
y el mío
me baña, me arrulla, me
duerme, me lleva y me calma
igual que cuando niño, lo
hiciera mi padre adorado
mi madre divina con su amor y
cariño

Cuando estoy en el campo y
cae la tarde
antes que el sol se vaya como
mi padre
a caballo camino, recorro,
disfruto y admiro
mi tierra linda y morena
veo la viña, la alfalfa, el maíz,
el arroz, el trigal
su verde nogalera.

Cuando estoy en el campo veo
las estrellas
y al mirarlas recuerdo cosas
muy bellas
a mi padre, a mi madre, a mis
tíos, mi hermano
mi abuelo y a mi abuela, me
imagino que toda mi gente
que vive en mí siempre, son
toditas ellas

Y yo no me voy de aquí,
aquí me voy a quedar
y yo no me voy de aquí,
aquí me voy a quedar

Juan Gabriel estudia y piensa estudiar más, investigar, analizar, ahondar en el naturismo, piensa que hacerlo bien es uno de los quehaceres principales en su vida. Piensa y repiensa en la desintoxicación del cuerpo, en los alimentos sanos y que este menester requiere del esfuerzo de estudiar y probar; ver los resultados y volver a probar; que la salud de los hombres está profundamente ligada a los alimentos que nos da la tierra y que por eso hay que proteger a la madre tierra, sus hierbas, flores, cortezas, árboles, plantas, cactus, granos y sus ríos y mares y el aire y cielo que nos cobijan:

He buscado estar bien conmigo. He pedido información para superarme, no he necesitado a alguien en quien delegar responsabilidades. No. En los momentos mas difíciles, cuando he tenido problemas, invoco a mi mamá; para mí ella es lo más importante. La siento como una energía y me gusta. La información nos vuelve mejores. El que tiene más de lo que sabe, vive preocupado; en cambio, el que sabe, no necesita tener.

He buscado estar bien conmigo. He pedido información para superarme, no he necesitado a alguien en quien delegar responsabilidades. En los momentos mas difíciles, cuando he tenido problemas, invoco a mi mamá.

En una ocasión, mientras comíamos comida china, dije que si un ser humano cree en Dios, su calidad humana es la de Dios. No es justo que Dios sea perfecto y los seres que Él hace no lo sean, esto a Él lo haría imperfecto. Hay que tener cuidado, porque si Dios no existe, uno lo hace con sus acciones; pero si Dios existe, uno puede deshacerlo con acciones equivocadas, porque la verdad está dentro de cada uno de nosotros.

XIV. SE LLEVÓ MÉXICO A SU CASA

Alberto vive , en la casa que construyó para su familia. Respetó
la reconstrucción de las trojes y el estilo de construcción, así
como los colores de las casas de la zona en donde vive: colores
terracota combinados con azules añil en las ventanas y puertas.
La foto inferior muestra la capilla de la casa de Santa Fe.

*E*n un bellísimo lugar, lleno de paisajes con árboles, plantas, flores y frutos de primavera, que cambian de los rojos y ocres de otoño a los blancos de invierno, Alberto vive , en la casa que construyó para su familia, Laura y sus cuatro hijos (hablaré de ellos más adelante). Está a unos quinientos kilómetros al norte de la frontera de México, en Estados Unidos. En el área que ocupa su propiedad se ha construido la casa principal, en una sola planta, para la familia, y otras tres pequeñas que el llama trojes. Fueron construidas en el estado de Michoacán y desensambladas con cuidado para transportarlas a la casa de Juan Gabriel, donde fueron reconstruidas bajo su supervisión.

Respetó la reconstrucción de las trojes y el estilo de construcción, así como los colores de las casas de la zona en donde vive: colores terracota combinados con azules añil en las ventanas y puertas. Cada troje es diferente de las otras; las tres muestran fachadas de madera clara, tallada con flores y otros motivos de amores indígenas, artesanos purépechas. Esta carpintería de tradición centenaria produce preciosidades en tallados y altos relieve en la madera, soles, lunas, flores, ramas, rostros, símbolos. En su trabajo hay imágenes de muchas flores de bosques y chorros de agua de la Tzaráracua y de Janitzio. En esta casa se ven arcones, cajas

En una visita reciente a Santa Fe, Juan Gabriel aparece con Eleazar del Valle y con Jesús Salas (de lentes).

labradas, diablos de Ocumichu, charolas y guajes, ollas, tinajas labradas, pinturas, esculturas, fuentes, herrerías barrocas, caballos de madera, como partes de un tiovivo de feria, cerámica. El arreglo de la casa es singular y de muy buen gusto; piezas que se estibaron en enormes trailers y llegaron a esta casa, incluyendo las partes de una pequeña capilla barroca con nichos y paredes labradas en cafés, blancos, oros. La capilla fue condenada a la destrucción y Alberto la rescató y la restauró para recuperar el sentido artístico y de oratorio; invita al descanso o la reflexión, meditación, o como se diga, pero ahí está la capilla.

Al verlo, nadie duda que este lugar es de un mexicano devoto de Michoacán, lo demuestran cada uno de los objetos y estructuras de la casa que hablan del juego con el arte, propio de los artesanos michoacanos. Parece un lugar elegido por la atmósfera "mágica" que ahí se respira.

Hace apenas siglo y medio la enorme zona que conforma el territorio del estado de Nuevo México y de varios otros de la Unión Americana era parte de nuestro país. Santa Fe, capital del estado, está a unos 40 kilómetros de la residencia de Alberto.

Una división construida con varas rodea la construcción. Se llega a través de un camino privado, adoquinado con piedras, hasta topar con una puerta construida también con varas, equipada con sensores; se abre de manera automática y nos permite ver un largo y frondoso camino flanqueado por árboles. El ambiente es confortante y la atmósfera, limpia y pura.

Además de la condición boscosa de la zona, Alberto se dedicó a sembrar árboles. A un lado de un pueblo de vaqueros construido por él, tiene animales: cabras, patos, gallinas, caballos, para que sus cuatro hijos convivan con la naturaleza. Asimismo, hizo construir un sitio para juegos, con resbaladillas y columpios, para que sus hijos y los demás niños invitados jueguen con tranquilidad y seguridad.

Al preguntarle por qué había elegido ese lugar para construir su residencia, él me señaló:

Si yo no fuera tan conocido, viviría en México. Pero no quiero que mis hijos batallen esa historia. Quiero que tengan su propio mundo. Yo viviría en México porque quisiera que mis hijos se educaran allá, pero he sido testigo de lo que les pasa a los hijos de otros artistas y no quiero eso para los míos. A México lo traigo en mi cuerpo, lo hago donde estoy. Mi casa me hace sentirme en Pátzcuaro. Con excepción de los aparatos eléctricos, todo lo que hay es mexicano. Soy muy mexicano, y estoy consciente de que a donde vaya, ahí está mi propio país, porque así lo quiero, un pedacito de México, porque está dentro de mí; la patria es uno mismo.

Hay un México que sólo existe en el recuerdo y el pensamiento. De todas maneras, yo adoro mi tierra y lamento no poder vivir en ella por la fama. Pago ese precio. Cuando voy a México, la paso divino, sobre todo cuando voy con mis hijos, en especial con Iván, que es el que me jala a todas partes, a lugares como Michoacán, San Miguel de Allende, Tijuana, Chihuahua, Puebla, Veracruz. Lo he traído por todas partes. Bueno, a los dos más grandes, porque ya con los cuatro no siempre puedo, aunque también los paseo por muchos lados.

Lo más parecido al México que me gusta es donde vivimos, en Santa Fe. Lo más mexicano que mis ojos han visto, es allí, en donde más se respeta el arte, la música. A usted le consta que se parece a aquel México de 1600, 1700, 1800, y todavía no ha perdido lo que tenía, que se nos fue y que ojalá y pudié-

Yo viviría en México porque quisiera que mis hijos se educaran allá, pero he sido testigo de lo que les pasa a los hijos de otros artistas y no quiero eso para los míos.

ramos recuperar, hacer volver. Vivo en todos lados y en ninguno, la mayor parte del tiempo lo paso trabajando.

En esta casa cuenta además con un estudio de grabación —que administra el ingeniero Luis "Vavy" Lozano, gran amigo de Alberto—, el cual está equipado con los últimos adelantos de tecnología en sonido. El estudio, originalmente construido en El Paso, Texas, se reubicó ahí a mediados de 1992. Recuerdo que una mañana de mayo de 1979, mientras Alberto y yo caminábamos por el Boulevard Ventura, en Los Ángeles, durante un descanso de grabación del disco *Recuerdos I* (*Noa-Noa, He venido a pedirte perdón, Yo no nací para amar*), Alberto me preguntó por el costo de un estudio de grabación. Le contesté que un buen estudio costaba más o menos medio millón de dólares. Lejos estaba de imaginar que él había ahorrado dinero con la idea de comprar los aparatos y construir su propio estudio al año siguiente en su casa de El Paso.

Me sentí impresionado al visitar las instalaciones. Tenían lo último y lo mejor en equipo de sonido; contaban con cámaras refrigerantes que protegían los componentes electrónicos. Basta decir que sólo dos o tres de los grandes y afamados estudios en el mundo contaban con un equipo similar. El costo de construcción, equipo e instalación superó el millón de dólares, más del cien por ciento de lo calculado por mí. El estudio reinstalado en la casa familiar ha registrado su voz y sus canciones durante estos años.

Su inspiración se mantiene pródiga, la ejercita a diario; cuando no escribe canciones para cantarlas, las hace para otros artistas. Alberto autoriza las grabaciones; este celo para

Vista de la casa de Juan Gabriel en Santa Fe.

cuidar su obra asegura que una canción vaya con el estilo de un determinado intérprete. Últimamente ha grabado lo que se conoce como "maquetas", es decir, propuestas sonorizadas y orquestadas que sugieren el resultado final del producto que se pretende elaborar. Algunas de estas maquetas las ha pensado para Ángela Carrasco, quien le grabará un disco; también planeó qué canciones incluiría en su disco *Gracias por esperar*, procesado para su comercialización en Miami, Florida. Es el título del álbum con once canciones cuyo primer número promocional *Pero qué necesidad*, hizo que alcanzara en dos semanas el primer lugar de popularidad, con más de seiscientas mil copias vendidas antes de

Lo más parecido al México que me gusta es donde vivimos, en Santa Fe. Lo más mexicano que mis ojos han visto, es allí, en donde más se respeta el arte, la música.

salir al mercado. El disco lo esperaron sus admiradores durante ocho larguísimos años por causa del problema de derechos de autor. Ocho años durante los cuales efectuó cientos de presentaciones personales, en conciertos, recitales, palenques, salas de espectáculos, plazas de toros, estadios cubiertos y descubiertos, y en centros nocturnos. Mantuvo su presencia sin contar con canciones nuevas. Su nueva canción, *Viva la música*, serviría para promocionar el concierto del Rose Bowl. Como dato curioso, la melodía de este número es norteamericana, y Alberto le puso letra en español.

Durante ese tiempo, *Luna*, cantada por Ana Gabriel, fue la única canción inédita que se estrenó y promovió en la radio. Fueron ocho años sin otra promoción que las presentaciones personales. Ocho años repitiendo en cada concierto lo que satisface a los empresarios: llenar el lugar donde se presenta el concierto. ¿Cuántos artistas existen que llenen el Auditorio Nacional durante quince o veinte días consecutivos sin publicidad? ¿Cuántos que llenen durante semanas y semanas un centro nocturno y salas de espectáculos como el Premier, en donde la gente que no tenía reservación era capaz de dar

**MÚSICOS PREFERIDOS
DE JUAN GABRIEL**

José Alfredo Jiménez
Silvestre Revueltas
Gonzalo Curiel
Tata Nacho
Manuel Esperón
Guty Cárdenas
Álvaro Carrillo
Agustín Lara
Joaquín Pardavé
María Greever
Juventino Rosas
Luis Arcaraz

propinas de miles de pesos a los capitanes de meseros para que les consiguieran una mesa, así fuera en el último rincón de la sala?

Antes de enterarse del proyecto Rose Bowl, mientras esperaba paciente la solución de la demanda para recuperar los derechos de sus obras, Alberto aprovechó el tiempo en giras por muchísimas poblaciones del Sur de California. Hizo docenas de presentaciones personales y alcanzó el éxito.

Vale la pena comentar una de las preocupaciones de Alberto cuando deja de trabajar durante periodos más o menos prolongados: sus músicos y técnicos. Se siente comprometido con ellos y trata de mantenerlos trabajando para evitarles problemas económicos. Ésta es otra de las razones de sus giras constantes.

Otro aspecto de la casa en Santa Fe.

Distintas escenas de la vida familiar de Alberto
Aguilera con Laura y sus cuatro hijos.

*A*lberto conoció a Laura Salas Campa cuando ambos tenían 25 años de edad, al ser ella la hermana de uno de sus mejores amigos, Jesús Salas. Laura, originaria de Torreón, Coahuila, es hija del matrimonio Salas Campa, y la hija menor de seis hermanos.

Según me cuenta Alberto, cuando él visitaba la casa familiar de los Salas, le llamaba siempre la atención el cariño y dedicación que Laura le dispensaba a su madre, a quien vivía totalmente dedicada, al grado que todos los hermanos se fueron casando, mientras que ella rehusó a todo por no dejar sola a su mamá.

Cuando Jesús Salas veía a Alberto en estados depresivos o melancólicos, como buen amigo lo instaba a que tuviera un hijo, pues le aseguraba que de esa manera de seguro cambiaría su vida y ya no sufriría esas crisis tan frecuentes, donde el recuerdo de su madre era el único refugio para Alberto.

Así, un buen día, estando de visita en casa de los Salas en Torreón, atendido como siempre por Laura, con quien cultivaba una buena amistad, Alberto le propuso unirse para procrear un hijo e iniciar una familia basada en el cariño y el respeto que los dos se tenían, con lo cual podrían darle a sus vidas el sentido que buena falta les hacía. Laura aceptó y de esa unión nació Iván.

Alberto afirma que tal como le había sugerido Jesús Salas, su vida cambió hacia lo pleno y hacia la dicha con el nacimiento de su primogénito. Buscando el compañerito llegó Joan y luego vinieron Hans y Jean, con los cuales Alberto y Laura forman una familia que llena sus vidas de amor y les da la razón para vivir que todo ser humano necesita.

El último en enterarse de que Alberto y Laura decidieron unirse y formar una familia fue Jesús. Meses después de su decisión, Alberto llamó a Jesús para platicarle de su relación con Laura.

Sobre su familia afirma categórico:

Mi familia está a mi lado, no quiero que los toquen la avalancha de buenas y malas noticias, los chismes de la farándula y el bullicio del mundo en que viví.

Aquí vemos a Laura con Iván y Joan.

Mi familia está a mi lado, no quiero que los toquen la avalancha de buenas y malas noticias, los chismes de la farándula y el bullicio del mundo en que viví. Mi nombre jala lo bueno de la publicidad pero también lo enrarecido, y no voy a permitir mezclarlo. No me interesa que las buenas o malas conciencias les avienten a mis hijos sus alientos y humores; yo pagué experiencias que golpean, hieren, matan y voy a luchar para evitárselas. Ya pagué esa cuenta.

Iván, Joan, Hans y Jean son hijos míos y de Laura, son muy diferentes entre sí. Aquí todos somos diferentes. Yo era diferente de mis hermanos y éramos seis. Mis hijos son inteligentes, tienen siete, seis, cinco y cuatro años.

Iván es observador, es un pequeño gran maestro para sus hermanos, y están llenos de amor, porque así lo quisimos Laura y yo. Joan tiene un carácter distinto, como que quiere acaparar más la atención, porque no es el primero en algunas cosas... Bueno, es cuestión de atenderlo, comprender su carácter fuerte; pero el chiquito es adorado, tiene corazón divino, porque puede enojarse y al final dice: "No te creas, papá estoy jugando, te dije mentiras, no estoy enojado". Lo hace para llamar la atención.

Hans, el tercero, tiene otra forma de llamar la atención, a veces no quiere comer, pero es alegre, tranquilo, siempre está contento, es positivo y precioso.

El primero es capricornio, el segundo aries, el tercero cáncer, y el cuarto leo, que es enojoncillo, piensa cosas profundas, tiene deseos de saber y aprender y es seguro de sí mismo, Los cuatro son preciosísimos.

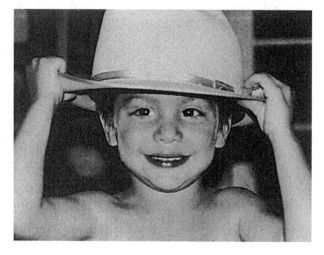

La vida de los cuatro niños, Iván Gabriel, Joan Gabriel, Hans Gabriel y Jean Gabriel, transcurre entre juegos, cuentos, risas, aprendizaje, viajes y el estudio del piano.

De acuerdo con Laura, procreamos el primero. Después quisimos tener a Joan para que jugara con Iván y fuera su mejor amigo. Y entonces nació Joan, y cuando ellos se pusieron a jugar, Laura y yo nos sentimos solos, quisimos traer a Hans y al final a Jean. Y así nos quedamos por ahora. Estamos buscando una niña, y tarde o temprano la vamos a conseguir.

En una visita que les hice en compañía de María Esther, mi esposa, a su casa en Toluca, con el fin de comentar algunos detalles del libro, estuve con Alberto, Laura y sus dos hijos mayores. Viví un momento gratísimo cuando al final de la cena, él y dos de sus hijos cantaron a coro la canción de Hans, y luego las otras canciones que les ha compuesto a cada uno de los cuatro niños. Le pregunté si él las había compuesto, porque estas canciones parecen escritas por un niño para otro niño. Contestó que sí. Y no encontré mejor ejemplo para hablar de la vida familiar de Juan Gabriel que ponerlo como padre, aunque no deja de ser un niño que recuerda lo que con placer afirmó en una entrevista, que ahora sí escucha a Cri-Cri y lo quiere y

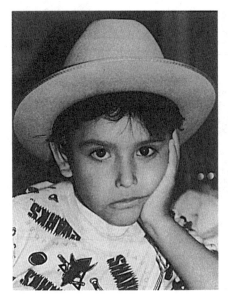

Su isla íntima la habitan Laura y sus cuatro hijos, así la quiere y así la conserva.

respeta por aquéllo del *Ratón Vaquero* y porque ahora sus hijos cantan canciones de niños.

Al despedirnos de Alberto y Laura, Iván se acerco a mí y me dio un beso de buenas noches. Me sentí parte de la familia; ¡cómo no! Me sentí parte de una isla a la que pocos tienen acceso; así pienso que también lo considera Alberto.

Su isla íntima la habitan Laura y sus hijos, así la quiere y así la conserva, como la isla divina sin ojos que espían, gritos y susurros extraños y plumas que manosean sus vidas.

La vida de los cuatro niños, Iván Gabriel, Joan Gabriel, Hans Gabriel y Jean Gabriel, transcurre entre juegos, cuentos, risas, aprendizaje, viajes y el estudio del piano. Los dos más grandes, Iván y Joan, asisten a una escuela elemental, y a los menores, Hans y Jean, los cuida y enseña una institutriz. Laura y Alberto son los que más se dedican a los niños. Si él no está de viaje, pasa la mayor parte del tiempo con ellos, y cuando sale de gira, en ocasiones hace que lo acompañen.

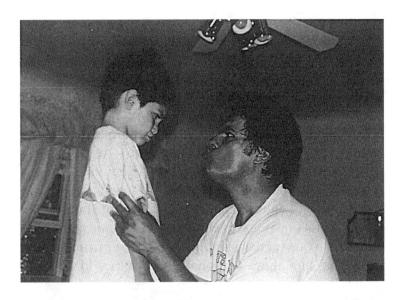

*E*n su larga trayectoria artística, como comenté antes, Alberto ha conocido a un sin fin de personalidades del mundo del espectáculo. A continuación transcribiré la conversación que sostuve por separado con tres grandes figuras de la música mexicana, por quienes Alberto siente particular respeto, cariño y admiración. Ellas hablaron de su relación con Juan Gabriel.

LOLA BELTRÁN

"Lo conocí muy chamaquito; es un recuerdo que se te queda para siempre. Me acuerdo cuando iba a visitarlo a su apartamento en Tlatelolco; teníamos donde sentarnos, pero nos gustaba sentarnos en el piso. Cuando era día del niño, me lo llevaba al restaurante *Los comerciales,* con mi familia, mi hija María Elena, y todos, y disfrutaba mucho en los juegos que ahí había. Comíamos y nos la pasábamos juntos como una familia. Él ahora tiene su propia familia, él ahora tiene esa alegría de vivir, y vivir y vivir.

El estar con él y ver cómo se le cuelgan sus hijos y juega con ellos me parece divino. Antes tuvo muchas cosas, pero no tantas como ahora. Me dice:

Alberto me dice "madre dolorcitos", con mucho cariño: Lola Beltrán.

—Dolorcitos, tú eres la única que nunca se me ha acercado para pedirme una canción.

Me dice "madre dolorcitos", con mucho cariño. No hemos trabajado juntos, pero una vez, hace poco, cuando yo estaba trabajando en Albuquerque y él en El Paso, me habló por teléfono. Me dijo que iba a verme y llegó. Lo presenté y la gente enloqueció. En Culiacán fui a ver su espectáculo y me lo dedicó. Subí y cantamos juntos, la gente se puso feliz, pero no más que nosotros. En una ocasión me invitó a su casa en Santa Fe, y de regreso me mandó en su avión. Fue al aeropuerto a despedirme con sus hijos.

Me emociona decir que lo he visto llegar a lo que él es hoy.

Hace apenas unos días celebramos su cumpleaños y me apostó mil dólares si le adivinaba quién cantaba una de sus canciones en un disco. Le adiviné, era Imelda Miller, y más tarde me encontré los mil dólares en la bolsa que yo traía. Cumplió su promesa, yo se los devolví a Laura, aclarándole que lo de la apuesta era sólo un juego.

Al día siguiente era domingo, salí a hacer unas comprillas y la muchacha que arregla la habitación me dice:

—Señora, aquí dejó su dinero.

Eran los mil dólares, que había devuelto.

Sobre el disco que vamos a grabar Lucha, Amalia y yo, me encanta la idea por estar juntos en la música. Tengo ilusión por el disco y los conciertos que vengan después porque sumamos más y más por y para el arte".

AMALIA MENDOZA

"Yo conocí a Alberto cuando fuimos a hacer un programa en San Antonio con motivo del aniversario de la estación de Casio R. Fue al principio de su carrera; ya había grabado *No tengo dinero*. Sí, ya era conocido. Me acuerdo que traía un traje a cuadros y un sombrero con una plumita; estábamos en el hotel Hilton del Río. Yo iba con mi cuñada. Juan Gabriel y su representante, Octavio del Rey, nos acompañaron a hacer unas compras; de regreso, él y su representante venían cargando las bolsas. Yo pensé: ¡qué muchacho tan sencillo! No se hizo el estrella, al contrario.

Desde entonces, cada vez que nos encontrábamos nos daba mucho gusto, y cuando hacía palenques me hablaban de parte de él para decirme que él quería que yo fuera a Texcoco. Fui a Texcoco, él empezó a cantar y le aventaban flores. Me las ponía donde yo estaba sentada, y cuando cantó la última cancion, *Lágrimas y lluvia*, yo me solté llorando; no sabía que se la había compuesto a su mamá.

Ya antes había estado con él en su casa donde me dio las canciones: *Siempre estoy pensando en ti* y *Te voy a olvidar*. Las grabé. Ese día me dijo:

—*Tú eres mi ídolo.*

Por cierto que por esos días él quería llevarle mañanitas a María Felix. Llevarle mañanitas con todo y mariachi. Pero no se nos hizo, porque él habló a París y ella estaba enferma.

Nunca coincidimos en alguna gira, en alguna caravana. No me tocó. Siempre fui una invitada en sus eventos. Sí, al Rose Bowl, a todo eso me ha invitado. Trabajamos juntos en Los Ángeles, en el Million Dollar. Estaba empezando a pegar.

Cuando él terminaba, enseguida iba yo para el final. Entonces me decía:

—*¿Me dejas quedarme en tu camerino?*

—Claro que sí, quédate. Y se quedaba todo el tiempo que yo cantaba, ahí en mi camerino.

Me regaló un disco con una dedicatoria preciosa, muy bonita.

A Juan Gabriel lo quiero mucho, lo admiro, lo siento como si fuera mi hijo. Cuando

A Juan Gabriel lo quiero mucho, lo admiro, lo siento como si fuera mi hijo: Amalia Mendoza.

todo el mundo se puso a componer baladas, él seguía haciendo rancheras, y qué canciones tiene, ¡bellísimas!"

LUCHA VILLA

"Curiosamente Juan Gabriel empieza a aparecer en mi vida a través de mi hija mayor, quien decide hacer un evento como empresaria, junto con su esposo, y contratar a Juan Gabriel. Había ofrecido que cuando ella quisiera le regalaba una función; entonces se la regalé, y Juan Gabriel y yo trabajamos en una plaza de Reynosa o algo así, y nos fue muy mal porque había muchos eventos el mismo día o no sé qué. Nos fue mal a los dos en plena gloria de los dos, con números de discos muy fuertes. Rosy, mi hija, convertida en empresaria, hizo amistad con Juan, y él se portó muy amable con ella, no le cobró, le dijo:

—*No, no, si te fue mal no me pagues, no hay problema.*

Entonces se volvieron amigos, y a partir de ahí nos tratamos mucho. Me contó que de niño, cuando estuve en una de las temporadas del Blanquita, junto con José Alfredo Jiménez, le regalé dinero para que regresara a su casa a Juárez, por lo chiquito que estaba, para que no anduviera de vago en las noches. En lugar de escuchar sus canciones, le dábamos para que se regresara a Ciudad Juárez.

Él quería enseñarnos las canciones, porque era compositor, y nosotros no hicimos caso: 'chiquito, vete a tu casa, sigue con tu mamá un rato más y después...' Esto me lo contó él a mí. Yo no me acordaba porque en el teatro hay gente a la que ayudamos, a la que por una u otra razón le damos para un pasaje y para que solucione algún problema. Me dijo que tenía cariño por nosotros porque nunca y en ningún momento lo tratamos mal. Pero tampoco creímos que fuera compositor, siendo tan chico. Bueno, eso fue por ahí de 1968.

Lo vine a conocer en el 73 ó 75 con Rosy. Entonces

me recordó estas cosas y me dio mucho gusto. Lo llevé con Alfredito Gil, quien me dijo:

—Ahí está su paisano, échele una mano, vamos a grabar cosas de él.

Se las llevé también al director artístico Memo Acosta o quien estaba en su lugar, y dijo:

—Esos números no van a pegar.

¡No puede ser! Cómo es posible, a mí me gustan.

—Sabes qué, le dije a Juan, hay una forma como puedo ayudarte. No quieren hacerte un LP. Vamos a hacer una cosa, en cada LP yo me impongo y escojo tres o cuatro canciones tuyas por mi cuenta, y vamos a grabarte.

Le fui grabando, y me acuerdo que Juan colaboraba mucho, porque él hacía los coros, hacía los duetos. Hacía todo lo que podía. Le grabé *Hoy por fin he conseguido ser feliz sin tu cariño, La muerte del palomo, Nos vemos mañana, La más querida*, muchos números. Creo que le grabé así unos diez o quince números, en distintos L.P.

Grabé tantas canciones, desde antes de *María de los guardias*, porque me gustaban a mí, aunque en la grabadora no creyeran en él. Impuse mis números. Lo fui tratando de esa manera. En una temporada del Million Dollar, teatro de revista que existió para los artistas latinos, y que yo encabezaba, iba Lupe D'Alessio y Juan Gabriel, que ya tenía más crédito, más que el de Lupe. En los intermedios iba a cantarme, y mi ayudante me decía:

—Ay señora, ahí viene el señor que canta mucho, por qué no le decimos que usted no está, para irnos a comer, porque no hemos comido.

Eso me decía La Churumbela, mi asistente. Juan siempre traía su guitarra y cante y cante. Quería que todo mundo oyera sus canciones.

Seguí grabando sus números hasta que un día en Musart se me propuso hacer un disco con Juan, con puras canciones de él. En ese entonces me dirigía Rubén Fuentes. Se hizo el primer disco con Juan Gabriel, dirigido y arreglado por Rubén Fuentes, por Jesús Rodríguez de Hijar, La Hormiga, y los que Rubén eligió. Grabamos *Te juro que nunca volveré* y muchas otras que en este momento no recuerdo. Juan no quedó conforme con lo que se había hecho con su música y me dijo:

—Oye quiero hacer un L.P., quiero que Musart me dé la oportunidad de hacer mi primer L.P. en el que yo produzca y dirija; quiero ser el responsable.

Les expuse la idea a los directores, y ellos aceptaron. Fue cuando me hizo aquel regalo maravilloso del acróstico. Me hizo una canción con cada una de las letras de mi nombre, y fue entonces cuando... *Inocente pobre amiga* y *De engaños*. Ese L.P. lo dirigió él, lo produjo, se hizo cargo de la portada y de todo.

Sí, el disco fue un trancazo, igual que el anterior. Nada más que a él no le gustó *Juro que nunca volveré*. Fue un número que funcionó mucho. Luego hicimos nuestro segundo L.P., en Musart también, producido por él. Ya después, cuando me salí de Musart y me vine a Ariola, él produjo el tercer disco, donde Lucha Villa interpretó a Juan Gabriel, el de 'No discutamos'. ¡Discasasazo! Precioso. Reconozco y acepto, y le agradezco a Juan, porque los discos si no los hacemos con pasión y gran cuidado, no salen.

Los discos que Juan me ha dado, tan bellos, están producidos con el cariño del mundo, con el cuidado del mundo: Lucha Villa,

Los discos que Juan me ha dado, tan bellos, están producidos con el cariño del mundo, con el cuidado del mundo. El acróstico fue un alarde amoroso, ¿cuántos compositores han tenido esos alardes? Un alarde maravilloso de amistad. Así se lo agradezco a él. Lo quiero mucho por eso. Un día me dijo:

—Qué bueno que tu nombre tiene diez letras, si no, ¿cómo me hubiera ido con más o menos canciones de las diez necesarias para el L.P.?

Recuerdo que una vez, en las giras en Estados Unidos, me dijo que se quería retirar. En la gira íbamos Cuco Sánchez, King Clave, Valentina Leyva y muchos artistas. A Valentina Leyva y a King Clave los apadrinamos ahí, los llenamos de miel y de harina con plumas. De súbito, un día, Juan se volteó a verme en el camión en que viajábamos rumbo a un pueblo, y me dijo:

—Me quiero retirar ya dentro de poquito.

—¿Por qué, Juan?, si estás empezando.

—Porque ya junté dinero, para qué quiero más dinero, con esto la logro hacer para toda mi vida.

—¿Pues cuánto tienes juntado?

—¡Seis millones!

—¡Uh! —le digo—, ¡que bárbaro!, te falta juntar otros seis mil millones más.

Pegué una carcajada y le repetí: Hombre, por Dios, te faltan seis mil millones... Te falta toda una vida, estás empezando, te faltan más canciones. Imagínate lo que vas a producir y a dar.

Yo cantaba sus canciones en esa gira.Lo admiro y respeto mucho y entiendo que lo que ha hecho es verdaderamente un mundo de creaciones. Es notable las posibilidades y el talento que tiene para componer igual una balada que un bolero, que una ranchera ¿Cómo pudo hacer *Inocente pobre amiga* con una construcción ranchera? No sé, tal vez *Se me olvidó otra vez* podría ser un número de José Alfredo por su calidad, sin quererlos comparar nunca. ¿Para qué? Hablo de calidades. Luego ese *western* sensacional que hizo Juan de *Tú estás siempre en mi mente*. Él tiene todo el derecho de hacer un *western* porque es casi texano; creció en Ciudad Juárez, es fronterizo; como yo tengo derecho de ser pocha. Es parte de la influencia de la cultura en la que nos criamos. Por ahí él tiene muchos números que me gustan. *La más querida* es una canción que me encanta, y me acuerdo cuando me hizo *La muerte del palomo*. José Alfredo habló muy bien de Juan, a mí me comentó que Juan Gabriel era un muchacho que nos iba a dar mucho qué hacer. José Alfredo era un hombre muy celoso. Recuerdo que cuando le grabé a Guadalupe Trigo *María madrugada* y *Mi ciudad*, que la estrené en el Blanquita, un día llegó indignadísimo por esa grabación. José no me dijo nada, pero se enojó por ese trabajo que hice de Guadalupe Trigo.

Con Juan Gabriel hubiera dicho:

—Qué bueno que le estás grabando porque ese muchacho va a dar mucho...

Predijo un espléndido futuro para Juan, y no se equivocó. Hasta se quedó corto, porque no lo alcanzó a ver lo suficiente; murió sin ver lo que Juan produce y cómo produce ahora.

Cuando Alberto triunfó se acordó del niño que fue y así la idea
que venía amasando de ayudar a otros niños se convirtió en
realidad. En 1987 fundó Semjase para niños que quisieran ser
músicos. Aquí los niños dando un concierto.

*C*uando Alberto triunfó se acordó del niño que fue
y así la idea que venía amasando de ayudar a otros niños
se convirtió en realidad. En 1987 se fundó Semjase para
niños que quisieran ser músicos:

*En la vida de uno la necesidad y la obligación son
una y la misma, yo, por ejemplo, no tenía ninguna obligación de hacerlo pero sí la necesidad de fundar un
albergue para niños pobres, porque yo fui uno de ellos.
No tenía la obligación de hacerlo, para eso está el
gobierno y hay instituciones privadas, pero quise tener esa obligación. Uno no debe pasar desapercibi-
do en este mundo, y para mí y los que quieren
superarse, la necesidad y la obligación son lo mismo.*

*La primera razón para tener esa obligación es que
fui un niño interno y la segunda es que hago lo que
quiero con lo que gano. Trato de cambiar lo material
por lo espiritual, me dá satisfacciones, y lo material
me ha traído problemas. La niñez es lo mejor que tenemos y la mejor inversión de los mayores, y la mejor
inversión de la vida.*

La inauguración de aquel albergue, que se conoce
como la escuela de Juan Gabriel, se planeó para el 30 de

Alberto quiere que los niños de Semjase reciban mucho más que cuidados, amor.

abril de 1986, pero se inauguró hasta septiembre de 1987. Para esa ocasión el licenciado Miguel Alemán Velasco fue invitado para cortar el listón. La primera directora fue la maestra Micaela Alvarado, quien dirigió el internado donde vivió Alberto cuando era chiquito. Después siguió la maestra Alicia Pérez Gallegos, quien continúa como directora.

Bautizó el albergue con el nombre *Escuela Primaria Semjase Silvestre Revueltas*, en honor al gran músico de Durango. Las aulas tienen nombres de compositores de gran valía: Juventino Rosas, José Alfredo Jiménez, Gonzalo Curiel, Tata Nacho, Manuel Esperón, Joaquín Pardavé, Guty Cárdenas, Álvaro Carrillo, Luis Arcaraz, Agustín Lara, María Greever. En 1987 había una población de 74 alumnos; a la fecha son 150 entre los 6 y los 17 años de edad.

El albergue funciona con una dirección general, una subdirección y otras direcciones más: la de la escuela primaria, que atiende a niños entre los seis y los doce años; la dirección de la escuela de música, que atiende a toda la población de Semjase, y la dirección que maneja la trabajadora social, que se preocupa de comida, pernocta, tareas, recreo, etcétera.

Existen también otras áreas de apoyo: mantenimiento, intendencia, cocina, lavandería; en total son cuarenta y seis las personas que prestan servicios en el albergue, el cual funciona veinticuatro horas diarias durante todo el año. A los alumnos se les elige con cuidado, en general son hijos de madres solteras. En todos los casos se procura que el candidato tenga un familiar cercano: mamá, papá, tía, abuela, para que los niños no pierdan contacto con su familia; se pretende que los niños no pierdan sus raíces. Los niños conviven, allí reciben educación, apoyo y seguridad, así como una preparación para su futuro. Alberto quiere que reciban mucho más que cuidados, amor. Durante los seis años de primaria, los niños pueden ser internos si así lo necesitan, después se promueven becas para que sigan la secundaria. El niño continúa en la escuela de música, aunque curse la primaria o la secundaria, sólo que en este último caso duermen en su casa. En la actualidad, suman 35 los alumnos que estudian secundaria o preparatoria. El avance de los estudios musicales es notorio. A veces alguna institución los invita a tocar y ofrece pago por su intervención, Semjase acepta o rechaza la invitación, sin pago alguno. El sostenimiento y mantenimiento de Semjase corre por cuenta de Alberto Aguilera.

La verdad es que yo no tenía conocimiento de la palabra Semjase, ni de lo que quiere decir cuando se me ocurrió ponerle así a la escuela. Resulta que tiempo después, encuentro algo que escribió Alex Meyer, y me percato de la coincidencia. Alex Meyer afirma que Semjase es el nombre de una doncella que visita la tierra y transmite información para que no nos destruyamos, y de esa manera hace que cada uno de nosotros esté mejor informado; asegura que la verdad está dentro de cada individuo. Esta idea comulga con lo que yo pienso. Estoy seguro de que a esta doncella no le gustaría que la convirtiéramos en una diosa o una persona a la que delegamos nuestras responsabilidades. Por cierto, no estoy seguro de que el nom-

Vista del edificio de Semjase en Ciudad Juárez.

bre de esta mujer se escribe igual, pero lo que sí puedo asegurar es que la escuela se llama así desde antes de enterarme de los escritos de Alex Meyer, donde él refiere sus contactos con Semjase, Asket, y me parece que Quetzel.

No puedo imponer régimen alimenticio naturista en Semjase. No es requisito ni ley que los niños tengan ali-

mentación naturista. El tipo de alimentación es obligación de madres y padres de familia, yo no soy quién para imponer, sugiero, y se les da a los niños la información. El construir un albergue no da derecho a imponer leyes. Me concreto a sugerir alimentación sana para los niños.

Gracias a mi profesión y al miedo espantoso que tuve a los aviones, he recorrido el suelo de mi patria a todo lo largo y ancho, he conocido cientos de pequeñas y grandes poblaciones en nuestro país y los baches que existen. Y me produce dolor el abandono en el que se encuentra el campo. Nadie siembra. Necesitamos lo que produce el campo para poder vivir mejor, para alimentarnos mejor, más sanamente. Porque no hay nada más importante que el campo, porque del campo debe salir nuestra alimentación. Los padres deberíamos tener la obligación de enseñar a nuestros hijos lo básico y elemental, jardín de niños como quien dice; después, deberían existir escuelas en donde las criaturas aprendan a combinar alimentos, porque si los niños no están bien alimentados, no tienen interés en saber quiénes fueron don Benito Juárez o Porfirio Díaz. Tienen hambre. Alguien tendrá que informarles cómo cuidar y aprovechar mejor los alimentos, después de habérselos proporcionado.

Así que en Semjase les aclaro que si les van a dar carne, porque ésa es su costumbre y tradición, que les den primero una ración doble de verduras y después la pieza de pollo. Que por las mañanas les den frutas y luego cereales. Los mismos niños pueden elegir lo que quieran comer, a menos que ya los hayan programado desde muy chiquitos y estén "echados a perder". Si llevamos a los niños al mercado y los paramos frente a la fruta y la carne, se van a ir donde están las frutas. Si para ellos fueran tan importantes los bisteces, el pollo y los filetes, pues de eso estarían llenas las piñatas...

A TODOS LOS HUMANOS

Señoras y Señores:

A todos los humanos nos ha sido señalado un destino para cumplirlo, de preferencia fielmente, y no podemos cambiarlo, prescindir de él o deformarlo; el hombre puede negarse a realizarlo, pero entonces su vida carecerá de autenticidad, siendo así infiel a sí mismo.

Si mi destino ha sido componer música, hacer canciones y cantarlas, yo creo estar cumpliendo con el destino que me fue asignado y lo hago con todo gusto y satisfacción, porque ha sido una actividad de mi preferencia y dedicación.

Es por eso que tomando conciencia y situándome en la realidad en que vivo, ha sido mi deseo contribuir en algo para ayudar a mis semejantes, sobre todo a la niñez y a la juventud, para lograr en ellos la idea precisa que les conduzca a encontrar su destino y cumplir con él, pues es necesario no olvidar que en las manos de los niños y jóvenes de ahora, está más tarde el destino del país donde nacieron. Es necesario educarlos en la idea de que deben ser cuidadosos justos, con un amplio sentido de la responsabilidad, en su oportunidad, en el lugar que les corresponda, en el papel que desempeñaran en el drama que es la humanidad, donde su futuro los coloque, pero con la mira de ser útiles y ciudadanos auténticos que busquen el bienestar de los suyos y de la comunidad donde vivan.

Ésta obra que hoy entrego, en esta fecha tan significativa para la niñez, espero sea recibida por personas que tengan un amplio concepto, una idea completa y cabal de como tratar a los niños hasta cuando dejan de serlo, para entrar en la etapa siguiente, que es la pubertad y luego la juventud.

No hay que olvidar que el alma de un niño es como una computadora de la actualidad, en ella registran y quedan grabadas todas las cosas que ve, todas sus experiencias buenas o malas. Y aun sabiendo esto, los adultos tenemos la tendencia de provocarle temor de recurrir a la amenaza cuando cometen travesuras que a veces no son sino búsqueda de experiencia, búsqueda de la verdad, ensayos donde a veces cometen errores. Si no encuentran en nosotros el apoyo necesario, y los tratamos mal, en un principio reaccionan pasivamente ante el castigo, pero luego se rebelan y se enfrentan y se escapan de nuestra autoridad.

El antiguo concepto de que "la letra con sangre entra" no funciona desde hace años, ahora los niños son seres superinformados, producto de la vida moderna, de la civilización a la que hemos llegado. Por eso es necesario tratarlos de otra manera, dentro de las normas actuales de la pedagogía moderna. Los padres, los maestros, deben tener muy en cuenta esa definición de lo que debe ser la educación. Un eminente educador mexicano afirmó que el fin último de esta actividad debe ser: "Educar la mente para las grandes ideas, el corazón para los sentimientos generosos y el alma para todo lo bello."

Es urgente preparar a los niños de ahora proporcionándoles los instrumentos necesarios para combatir la ignorancia y la pobreza, situación que caracteriza en nuestros días, pues la pobreza es privativa de los países del tercer mundo, es la amenaza más grande para el futuro de nuestro pueblo, es la llaga que pretende curar el socialismo, pero el socialismo bien entendido. Lo que sí podemos asegurar, es que la pobreza es fruto de la opresión, de los malos manejos de los gobernantes, de la explotación del hombre por el hombre. Ser pobre hace tiempo era resignación, después fue castigo; en la actualidad es humillación y pretexto para robos, crímenes y secuestros.

Orientemos a nuestra niñez a fin de lograr un mundo mejor donde vivir, de mantenernos alejados de la maldad y la violencia, común denominador del mundo actual en que vivimos. A diario nos llegan noticias que traen informacion sólo de tragedias que han sumido a la humanidad en un caos completo, en una lucha fraticida que amenaza la paz del mundo.

La finalidad de la idea que surgió en mi mente y que afortunadamente llega a felíz término, es esta obra que hoy entrego. Es para mí motivo de honda satisfacción, porque pienso que coopero con mi granito de arena en una tarea en favor de la niñez de esta ciudad a la que tanto quiero y respeto, pues en ella nació Juan Gabriel, aquel niño que deambuló por sus calles, que tuvo problemas económicos, porque en esta ciudad creció aquel joven que inició una carrera que lo condujo afortunadamente al éxito y a la satisfacción de logros mejores; aquel joven que ha luchado a brazo partido por abrirse paso en la jungla tremenda que a veces forma la humanidad, porque muchos piensan que la carrera de un artista está plena de satisfacciones, que todo es vida y dulzura, desconociendo a veces lo que hay que luchar y los obstáculos que hay que vencer, sobre todo si se llega al éxito deseado, hay que redoblar pues la lucha para mantener vigente ese triunfo, para conservar ese lugar en la preferencia del público. Es necesario seguir en la lucha, en el diario bregar, tratando de vencer cuanto obstáculo salga al paso, hasta que el destino así lo determine.

Hago entrega pues de ese sueño realizado, haciendo un llamado a la gente a quien la fortuna ha favorecido para que me apoye y siga mi ejemplo y haga algo en beneficio de la comunidad donde vive, en donde seguramente nació y formó sus hogares.

Lo hago con el orgullo y la satisfacción de haber cumplido con un compromiso que me tracé en beneficio de la tierra que me dio abrigo. Pues antes que michoacano o chihuahuense, soy profundamente mexicano. Un mexicano que ama y respeta a su patria y que desea su progreso y su bienestar.

Juan Gabriel

XVIII. HASTA PRONTO...
AQUÍ TE DEJO CAMARADA
(M'HIJO)

Una de las aficiones de
Alberto Aguilera es
buscar el amor donde
quiera que éste se
encuentre.
En esta fotografía lo
vemos junto con una
pariente suya en Janitzio,
Michoacán.

*N*o concibo a Alberto jugando golf, corriendo todas las mañanas, o sentado ante la televisión viendo una
final de copa del futbol. Si trato de imaginármelo disfrutando de su tiempo libre, pienso en él sembrando plantas, decorando casas, manejando grandes distancias en
auto, puebleando, deteniéndose a comprar o admirar an-
tigüedades en cuanto bazar se le atraviesa, porque de
hecho él da a los objetos un valor más allá del que po-
seen intrínsecamente. Busca, por decirlo de alguna manera, las *vibraciones* que cada objeto le pueda transmitir.

Hace poco nos encontrábamos en la sala de mi casa y
al mostrarle una foto de cuando yo tenía cinco años, en
la que aparezco abrazando a mi padre, Alberto me pidió
que le hiciera una copia y se la regalara, pues me dijo
que la foto reflejaba mucho cariño y que le gustaría po-
nerla en alguna pared de su casa.

Desde luego esa petición me extrañó de momento, pero
de inmediato me aclaró que le gusta rodearse de todo
aquello que simboliza los sentimientos y emociones
agradables del ser humano, pues esos objetos emiten lo
que se ha llamado "buenas vibraciones". Esto me lleva
a afirmar que definitivamente una de las aficiones de Alberto Aguilera es buscar el amor donde quiera que éste
se encuentre. Rodearse de él. No es, por lo tanto, un ser

Así es Alberto, inteligente, trabajador, talentoso, sencillo, admirador de lo suyo, lo mexicano.

convencional; algunos incluso podrían calificarlo de excéntrico. Para mí, lo que busca son aspectos más espirituales y filosóficos, y eso es algo que compartimos y en lo que se sustenta una parte de nuestra amistad.

Cuando le pregunté a Alberto cuál es su intérprete favorito o favorita, pensé que eso no lo podría contestar porque es respetuoso del trabajo de los demás, y no tiene preferencias, pero él me respondió:

—Sí maestro, sí tengo un intérprete favorito, es el pueblo el que canta mejor mis canciones.

Así es Alberto, inteligente, trabajador, talentoso, sencillo, admirador de lo suyo, lo mexicano. En cincuenta o cien años, cuando los que estamos vivos ahora vivamos la muerte que es el olvido, la gente más joven seguirá entonando *Amor Eterno, Querida, De mí enamórate* y quién sabe cuántas otras canciones de este creador.

Recuerdo al muchacho de suéter amarillo y pantalón de pana café caminando por la Avenida Cuitláhuac una mañana con expresión de tristeza, y esa imagen se disuelve y concreta en este hombre que no dejará de ser joven.

Quién me iba a decir que veintiséis años después ese joven, aquel cantante que en 1971 probó fortuna grabando sus primeras composiciones, iba a llegar al lugar en que hoy se encuentra. Nadie se lo podía imaginar.

Hay quienes esperaban que éste fuera un librito de chismes, intimidades de sábanas, abrazos non santos, relaciones peligrosas, músicos hombres y mujeres en los closets; triángulos y quintetos en las fiestas, en los baños públicos; letreros en excusados, prostitutas como las que actúan en las telenovelas, de caricatura, trasvestis trasnochados, tumbaderos, antros, hoteles de paso. Un libro para regodearse en las intimidades de hombres y mujeres con nombres en las marquesinas, como si los elegidos, aquellos a los que el público premió con aplausos, no tuvieran derecho a su vida privada.

Entrego al público un libro que no tiene nada que ver con el inframundo. Por el contrario, tiene que ver con parte de la vida de un creador, por lo que toda su existencia no cabe en un solo volumen, hablo de un hombre que no se asusta de lo que cada quien piensa de él. He trabajado al lado de verdaderos genios y virtuosos, y de ahí me alimento. Sus condiciones y pensamientos sexuales no los averiguo. Disfruto de su amistad. Lo que no tengo con que pagar a esos creadores es lo que me han dado para mi propia música. Cuando hablo de esto con Juan Gabriel nos reímos y él siempre termina estas pláticas así...

Nunca voy a decir en un libro "yo pasé por aquí, por acá y allá", sería como decirle al mundo "miren, todo esto se debe hacer para que sus hijos lleguen a ser alguien", y eso, según yo, no está bien. La gente necesita amor, necesita información, no chismes ni amarillismo, ya hubo mucho de eso en mi vida. Acuérdese de aquel periodista que me pidió cinco mil pesos, y yo creía que eso era normal en la vida de los artistas; no los tenía, y me amenazó y dijo: "Atente a las consecuencias." claro que temblé, porque me importaba mucho que hicieran llorar a mi mamá. Ahora bien, considero que no me hizo ningún daño, fui víctima de las circunstancias y me da gusto haber sido yo el que vivió todo eso y no otro artista. Porque yo tengo aplomo. Por eso le sugiero para este libro que hable del amor; porque chismes han habido muchos y conmigo no es el camino. A usted y a mí no es vender libros lo único que nos interesa, por eso deje a un lado lo sensacionalista. A través del tiempo he sido muchas personas, muchas personalidades en un solo cuerpo. Si usted habla con alguien sobre mí lo que ese alguien le diga es por el Juan Gabriel que cree conocer, y será verdad lo que le digan. Ante la disyuntiva de ser o no ser bueno, desde muy niño escogí ser

Conocí a la Virgen de Guadalupe en Extremadura, España, y la nuestra la mexicana, es más guapa. Creo estar enamorado de la imagen de la Virgen de Guadalupe.

Juan Gabriel

lo mejor. No me arrepiento de lo que hice: hice muchas cosas que no debí hacer, pero no estaba en ese momento de mi vida el saber y el actuar como hoy. Después hice cosas que me gustaron, otras que no, y sigo haciendo lo que me gusta, pero sin perjudicar a alguien. Muchas veces fui víctima de las circunstancias, por eso creo que uno debe hacer de su infierno la gloria, por eso no soy lo que tengo, soy lo que sé.

No soy un caso extraordinario que vine al mundo a decir o descubrir como se deben hacer las cosas.

Nunca digo nada porque todo lo que me dicen es cierto, nunca me pongo con Sansón a las patadas, porque el público siempre tiene la razón. Maestro, usted podrá escribir lo que quiera, la ventaja es que usted platica conmigo, porque soy, eso sí, el que más sabe sobre mí.

Lo único que se le debe pedir a Dios y a la Virgen de Guadalupe es: sabiduría, inteligencia y paciencia. Con eso se tiene todo en la vida.

Juan Gabriel

He tratado de escribir algo de la vida de Juan Gabriel, Alberto Aguilera Valadez, de su familia, su público, sus compañeros, los personajes de su vida, sus amigos y admiradores; de lo que representa y significa en la música popular de mi país. A veces la emoción me ha ganado.

Pongo punto final al relato, mínima muestra de admiración por su don y entrega a su profesión y amor a México, difícil cualidad de encontrar entre personas con éxito. Alberto siente placer de ser útil y servir, y ha hecho un lema: "Quien no vive para servir, no sirve para vivir". Es un señor que ama la vida y la naturaleza, a sus hijos, sus amigos y, sobre todo, la música.

Concluyo con la frase que siempre utilizo para despedirme de él, nos vemos, m'hijo...

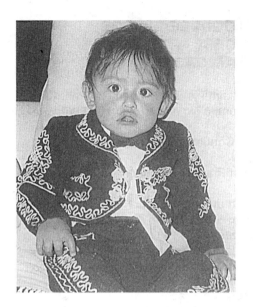

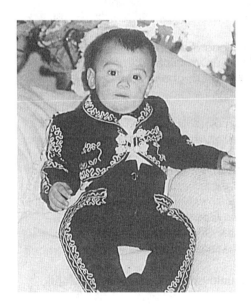

Alberto Aguilera Valadez es un señor que ama la vida y la
naturaleza, a sus hijos, sus amigos y, sobre todo, la música.
En estas cuatro imágenes vemos las
fotografías de Iván Gabriel, Joan Gabriel, Jean Gabriel y Hans
Gabriel vestidos de charros cuando cada uno de ellos cumplió
7 meses. Eso habla del amor que Juan Gabriel siente por
nuestros símbolos de identidad como mexicanos.

CRONOLOGÍA DE DISCOS Y TRAYECTORIA ARTÍSTICA DE JUAN GABRIEL

1971 Primer álbum "El alma joven de Juan Gabriel". Contiene entre otras canciones: *No tengo dinero* y *Me he quedado solo*.

1972 Segundo álbum: Contiene *Será mañana* y *Uno dos y tres y me das un beso*.

1973 Disco grabado en Francia. Contiene: *En ésta primavera* y *Nada ni nadie*.

1974 Primer álbum con mariachi. Con el Mariachi Vargas de Tecalitlán. Contiene: *Se me olvidó otra vez, Lágrimas y lluvia, La muerte del palomo*.

1975 Segundo álbum con mariachi, con el mariachi América de Jesús R. de Hijar. Contiene: *Inocente pobre amigo, La diferencia, Por mi orgullo*.

1975 Tercer álbum con el mariachi México 70 de Pepe López. Contiene: *Otra vez me enamoré* y *Siempre estoy pensando en ti*.

1976 Debuta en el Teatro Blanquita. Temporada de tres meses.

1977 El álbum que contiene *Siempre en mi mente* alcanza más de un millón de copias vendidas durante el año.

1978 El álbum "Espectacular", grabado en Londres. Contiene: *Aunque te enamores, Mi fracaso, Adiós amor, adiós mi amor te vas*.

1978 Se lanza el LP "Mis ojos tristes" con mariachi. Contiene: *Con todo y mi tristeza, Arriba Juárez, Cuando quieras déjame, Guarecita*.

1978 Graba en Londres el LP "Me gusta bailar contigo", que contiene: *Buenos días señor sol*.

1979 Álbum "Recuerdos", grabado en Los Ángeles, California Contiene: *El Noa Noa*.

Realiza giras por centro y Sudamérica.

1980 Debuta en El Estelaris del hotel Fiesta Palace; rompe récord de asistencia.

1980 Debuta el 23 de junio en el Florida Park de Madrid.

1981 Álbum "Con tu amor". Contiene: *En el nombre del amor, Canta, canta*.

1981 Repite temporada en el Florida Park de Madrid.

1982 Lanza su LP de boleros "Cosas de enamorados", acompañado del guitarrista Chamín Correa. Contiene: *No me vuelvo a enamorar, Ya lo sé que tú te vas*.

1982 Temporada en el centro nocturno El Patio, comentada por los medios como fuera de serie.

1983 Álbum "Todo", con mariachi. Contiene: *La farsante* y *Caray*.

1984 Disco "Recuerdos II". Contiene *Querida*.

1985 Se graba LP "Pensamientos". Contiene *Hasta que te conocí, Yo no sé que me pasó*.

1986 Temporada de dos meses en El Patio; marca nuevo récord de asistencia, Juan Gabriel recrea en la escenografía del espectáculo su casa de El Paso, Texas.

1987 Discomix con su canción *Debo hacerlo*, que lanza durante la reseña cinematográfica de Acapulco.

1988 Presentación en el programa: *Mala noche no*, con Verónica Castro. Se recuerda como el programa que desveló a México.

1988 Se presenta en Aruba y hace giras por América Latina y Estados Unidos de Norteamérica. Rompe récord de asistencia en palenques; siete días en Texcoco y siete días en Morelia.

1989 Temporada de un mes en el centro nocturno Premier.

1989 Se presenta en el estadio Azulgrana, en la ciudad de México, D.F., con la asistencia de 75 mil espectadores.

1990 Realiza cuatro conciertos en el Palacio de Bellas Artes a beneficio de Semjase y la Orquesta Sinfónica Nacional.

1990 Temporada de un mes en Premier.

1990 Se presenta en la Plaza de Toros México, con lleno total.

1990 Disco doble grabado en vivo durante el concierto de Bellas Artes; rompe récord de ventas.

1991 Temporada de tres meses en el Premier, considerado caso único en la historia de la música popular en México.

1992/93 Continúa sus presentaciones por toda la República Mexicana.

1993 Se presenta en el Auditorio Nacional con llenos totales.

1993 Realiza giras al extranjero.

1994 Disco "Gracias por esperar". Rompe récord de ventas durante los primeros meses.

1995 Prepara nuevas grabaciones y continúa realizando conciertos.

1995 Realiza su nuevo disco "El México que se nos fue", donde hace un rescate de la música campirana que se escuchaba en México de los años 30 a los 50.